삶을 살리는 교육

IMPRIMATUR
† Andrew Yeom
Archiepiscopus Seoulensis
Seoul, die 21 Feb. 2019

Education for Choosing Life

Proposals for Difficult Times

본 도서는 2019학년도 가톨릭대학교 성신교정 교비연구비 지원을 받아 번역되었음.

시련의 시대를 위한 제언

삶을 살리는 교육

교황 프란치스코 지음 | 박준양 · 조재선 옮김

가톨릭대학교출판부

차 례

머리말 — 7

제 1 장
행동하는 희망을 위한 창의성
— 11

제 2 장
교육하는 나라
— 65

제 3 장
성숙의 기회
— 129

그리스도인 교육자들에게 보내는
교황 요한 바오로 2세의 담화 — 188

• 첫 번째 역자 후기
사람과 삶을 살리는 참된 교육을 향해 나아가며 — 190

• 두 번째 역자 후기
자비의 복음에 관한 증언 — 197

머리말

우리는 얼마나 더 정처 없이 헤매야 하겠습니까? 우리의 발길을 이끌어줄 목적지가 없는데, 우리가 무슨 수로 어딘가에 다다를 수 있겠습니까? 우리 자신이 누구인지 알지 못한 채로, 우리가 무슨 제안을 할 수 있겠습니까? 이 물음들이 모두 '우리'라는 복수형을 사용하고 있는 것은 우연이 아닙니다. 그것은 이 물음들이 '인간'의 마음속에 있는 불안들을 잘 요약하고 있기 때문이며, 나름의 정체성을 구현하는 과정에 있는 '인류'의 미래를 잘 나타내기 때문입니다.

위기의 시간들은 우리의 참본성이 무엇인지 드러나게 해

줍니다. 또, 위기의 순간들은 불확실한 방황 속에서 어떤 의미를 회복하라는 긴박한 외침이기도 합니다. 이러한 이해의 틀에서, 우리는 베르골리오 추기경님[1]께서 지난 3년 동안 교육공동체에 보낸 편지들을 한데 엮어서 선보이고자 합니다. 추기경님께서는 각각의 편지 끝에 '혼자서' 혹은 '여럿이 함께' 성찰하고 실천할 수 있는 제안들도 덧붙이셨습니다.

부에노스아이레스 대교구의 교구장이신 추기경님의 말씀에서 우리는 동료 인간의 운명에 전적으로 헌신하고 있는 하느님의 사람[2]의 모습을 엿볼 수 있습니다. 추기경님의 말씀은, 우리로 하여금 우리의 뿌리를 회고하게 하고, 우리 민중의 가치에 눈길을 두도록 합니다. 또, 그분의 말씀은 우리 조국의 참된 풍요로움을 새삼스레 자부하도록 합니다. 이런 맥락에서 볼 때, 추기경님의 말씀은 부에노스아이레스 대교구 교육국에서 꾸준히 진행하고 있는 여러 과업들을 종합하고, 그 노력들을 격려하는 것이기도 합니다.

첫 번째 편지에서, 추기경님은 교육계를 향해 말씀하시면서 다음과 같은 사실을 우리에게 상기시키십니다. "유토피아란, 위안을 주는 환상이나, 상상이 낳은 소외가 아니라, 구체적인 역사적 상황에서 취해진 희망의 한 형식이라는 사실"

---

1) 역주: 지금의 프란치스코 교황님을 지칭한다.

2) 역주: 'un hombre de Dios' 'a man of God'은 '하느님의 사람'이라는 뜻으로, 성경에서는 예언자 혹은 하느님의 구원 사업을 위해 선택되어 헌신하는 사람들을 가리킨다. 여기서는 베르골리오 추기경을 지칭한다.

말입니다. 이러한 성찰을 중심축으로 하여 추기경님은 우리가 "행동하는 희망을 특징으로 하는 창조성" 속에서 살아가야 한다고 말씀하십니다.

두 번째 편지 앞부분에서 추기경님은 이렇게 말씀하십니다. "하느님의 육화된 지혜이신 예수님을 바라볼 때, 우리는 어려운 문제들이 하나의 도전이 된다는 사실을 깨닫게 됩니다. 이 도전은 희망을 낳고, 행복을 낳습니다. 우리 자신이 새로운 것을 설계하는 건축가임을 자각할 때, 거기서 행복감이 샘솟기 때문입니다. 나아가 이 모든 것들은 우리로 하여금 최선의 노력을 모두 쏟아붓지 않으면 안 되겠다는 강한 사명감을 갖게 합니다." 바로 이것이 우리가 온 생애를 걸쳐 추구해야 할 인생 계획입니다.

세 번째 편지에서 추기경님은 교육자들로 하여금 "성숙의 과정에 있는 어린이와 청소년들과 동반하는 과업"에 대해 성찰하도록 하십니다. 추기경님은 이렇게 확언하십니다. "우리 사회에서 젊은이들이 어떤 현실을 살고 있는지 거기에 다가서려고 하는 것, 그리고 우리가 그 안에서 어떤 역할을 할 수 있는지를 자문해보는 것이 꼭 필요합니다." 그러면서 추기경님은 성숙의 교육을 위해서는 구체적인 목표의 수립이 필요하다고 요청하십니다.

넓은 지평, 견실한 형제자매애, 더 깊은 곳으로 나아감, 효과적인 관대함, 연대의 수월성 등은 추기경님이 주창하시는 그분만의 독창적인 개념들입니다. 이 개념들은, 새로운 인간됨의 방식을 증거하고 도모하는 교육의 실현을 위해 그리스도인들이 구체적으로 기여할 수 있는 부분들이기도 합니다.

"우리의 목표는, 사회를 위해 유용한 인재를 양성하는 것만이 아니라 사회를 변혁할 수 있는 사람을 교육하는 것입니다." "결국에는 새로운 사고방식을 지닌 사람들을 양성하느냐, 아니면 이 교육사명이 실패로 끝나느냐 둘 중 하나일 것입니다."

이제 길은 정해졌습니다. 우리는 그 길을 따라 나아가기만 하면 될 것입니다.

에디또리알 클라레띠아나*Editorial Claretiana* 출판사
편집자

제 1 장

행동하는 희망을 위한 창의성

희망의 행동

정확히 1년 전에도 저는 교육공동체에 편지를 보냈습니다. 그 편지의 서두에서 우리 아르헨티나 민중들의 삶에 닥친 중대하고 결정적인 순간에 대해 언급했습니다.[3] 그 이후로 많은 일들이 있었습니다. 고통, 혼란, 분노의 순간들이 이어졌습니다. 하지만 수많은 사람들이 온 힘을 다해 자기 자신을 이웃에게 기꺼이 내어놓았습니다. 그분들은 무관심을 정당화하지 않았으며, 다른 사람들은 내버려두고 "자기들만 살려고" 하지 않았습니다. 결국 우리는 다음과 같은 사실을 확고히 깨닫게 되었습니다. 우리를 전진시키고, 우리의 '올바른 운명'을 완수시키는 일종의 '구세주'라든가 '기적 같은' 결정을 기대해서는 안 된다는 사실을 말입니다. '올바른 운명' 같은 것은 존재하지 않습니다. '기적 같은' 판단도 존재하지 않습니다. 그저 우리 민중들이 존재할 뿐입니다. 가진 것이라고는, 의문과 의혹으로 가득 찬 역사, 부양 능력이 없는 정부기관, 의심스러운 가치관, 그리고 단기간만 겨우 버틸 수 있는 최소한의 생계 수단밖에 없는 우리 민중들이 존재할 뿐입니다. 이 문제들은 너무나도 버겁고 힘겨운 것들이라서 한

3) 역주: 1998~2002년까지 아르헨티나는 대규모 경제공황을 겪으며, 심각한 실업난, 폭동, 정권의 몰락, 그리고 통화 디폴트에 이르는 사태에까지 이른 바 있었다.

사람의 카리스마적인 지도자나 기술자에게 위임해서 해결할 수 있는 그런 것이 아닙니다. 오로지 '역사적 창조라는 집단적 실천'에 의해서만 보다 행복한 결과들이 도출될 수 있습니다. 이 도전의 최선봉에 바로 교육자 여러분들의 과업이 놓여 있다는 저의 직관은 틀림이 없을 것입니다. 역사적 한계와 가능성 안에서 집단적으로 더 나은 현실을 창조해내는 것이 바로 '희망의 행동'an act of hope입니다. 희망의 행동은 확실한 결과가 있는 것도 아니고 그저 모험을 거는 것도 아닙니다. 또 운명이나 가능성도 아닙니다. 희망의 행동은 믿음과 미덕을 필요로 합니다. 모든 자원을 다 가동하되 미리 계산할 수 없는 '어떤 것'이 더해지면서 드라마를 만들어내는 것입니다.

올해의 묵상 역시 희망과 관련이 있습니다. 하지만 이번에는 무엇보다 희망의 적극적 차원이 지닌 본질적 구성 요소, 곧 창의성에 대해 이야기하고자 합니다. 지금 우리는 역사적으로 중대한 순간에 처해 있으며, 집단적인 창조 작업에 참여하고 있습니다. 그렇기 때문에 교육자로서 우리가 맡은 과업이 '원래 하고 있던 것을 계속하는 것'에 그쳐서는 안 될 것입니다. 더 나아가 혹독한 역경에 맞서서 그저 '저항만' 하고 있어서도 안 될 것입니다. 교육자로서 우리가 맡은 과업은 새로운 것을 창조하는 것이며, 역사의 한가운데서 새 건물에 쓰일 벽돌들을 쌓기 시작하는 것입니다. 여기서 역사의 한가운데에 있다는 말은 우리가 과거를 담고 있는 현재 속에 처해 있음을 의미합니다. 그리고 이 현재는, 소망컨대, 미래 역시 품고 있습니다.

유토피아와 역사적 창조

우리가 '창조'에 대해 이야기할 때에 그 안에는 이미 믿음이 내포되어 있습니다. 창조주이신 하느님에 대한 신앙은 인류의 역사가 끝없는 공허가 아님을 말해줍니다. 인류의 역사는 시작이 있으며 나아갈 방향이 있습니다. '하늘과 땅'을 만드신 하느님, 바로 그 하느님께서 백성들에게 약속을 하셨습니다. 하느님께서는 절대적 권능으로 당신의 사랑을 분명히 실현하실 것입니다. 그렇기 때문에 창조에 대한 신앙은 희망의 바탕이 됩니다. 인간의 역사, 곧 우리의 역사, 개인의 역사, 우리 가족의 역사, 우리 공동체의 역사, 그리고 우리가 학교에서 하루하루 구현해 나가는 구체적인 역사는 결코 '종결된'finished 것이 아닙니다. 우리의 역사는 무한한 가능성을 지녔습니다. 역사는 늘 새로운 것들을 향해, 지금까지 한 번도 생각해보지 못했던 것들을 향해 열려 있으며, 여태까지 불가능해 보였던 것들을 향해 열려 있습니다. 이는 역사가 창조의 한 부분을 이루고 있기 때문이며, 그 창조는 하느님의 능력과 사랑에 뿌리를 두고 있기 때문입니다.

다시 한번 분명히 짚어 말씀드리는데, 이것은 비관주의와 낙관주의 사이에서 어떤 외적인 균형을 잡는 그런 문제가 아닙니다. 우리는 지금 희망을 논하고 있습니다. 그런데, 희망은 비관주의나 낙관주의 그 어느 쪽에도 안주하지 않습니다. 행동하는 희망을 특징으로 하는 창조성의 한복판에 우리 자신을 자리매김해야 하겠습니다. 우리 인간이 창조적일 수 있다는 것, 또 창조자가 될 수 있다는 것은 무엇을 의미하겠습니까? 그것은 하느님처럼 무에서 유를 창조한다는 그런 의미는 분명히 아닐 것입니다. 그분의 창조 능력에 비하면 우리의 창조 능력은 한없이 보잘것없고 제한적이며, 그 능력 역시 결국은 하느님께 받은 은총이기 때문입니다. 우리는 다른 무엇보다 창조 능력의 은총을 가장 먼저 청해야 합니다. 그리고 창조성을 발휘하게 될 때에는, 혁신과 지속성 사이의 긴장 속으로 진입할 줄 알아야만 합니다. 다시 말해, 우리는 이미 알고 있는 것들로부터 새로운 것을 시작하는 길을 열어야 합니다. 인간의 창조성은 무로부터의 창조creatio ex nihilo도 아니며, 같은 것의 복제identical repetition of the same thing도 아닙니다. 창조적으로 행동한다는 것은 지금 있는 바를 매우 밀도 있고 신중하게 숙고하면서, 어떤 길을 찾아내는 것을 말합니다. 바로 이 길을 출발점으로 새로운 것들이 모습을 드러냅니다.

작년에도 그랬듯, 이 시점에서 가장 훌륭한 신앙의 스승 가운데 한 분이신 성 아우구스티노를 다시 한번 언급하고자 합니다. 이 교부Father of the Church[4]는 자신의 저서 『신국론』*The City of God*에서, 그리스도 안에서 완성되는 종말론적 구원의 관점을 바탕으로 역사의 의미를 성찰하였습니다. 당시에는 임박한 로마제국의 쇠망이 엄청난 역사적 격변을 예고하고 있었습니다. 그것은 한 시대의 종말이면서 또 다른 시대의 불확실한 서막이었습니다. 성 아우구스티노는 결연한 자세로 하느님의 계획을 간파하여, 그에게 맡겨진 교회에 빛을 비추고자 했습니다. 지난해 여러분들에게 보내드린 편지에서 우리는 『신국론』의 핵심 요소들을 살펴보았습니다. 그리고 마침내는 역사를 은총의 선물offerings of grace과 악의 유혹temptation to sin을 식별하는 장이라고 규정했습니다. 은총의 선물은 종말론적 구원 속에서 인간, 사회, 역사의 충만한 실현을 향해 나아갑니다. 이에 반해, 죄의 유혹은 거룩한 구원의 역동성을 거스르는 미래를 건설하려 듭니다.

성 아우구스티노 사상의 다른 차원들 역시 역사적 창조성을 찾아 나서도록 우리를 이끌어줍니다. 그의 가르침을 제대로 알려면 먼저 유토피아의 의미가 무엇인지 생각해보아야 합니다. 우선 유토피아는 상상력의 결실이며, 바람과 기대가 가득 찬 미래를 향한 투사projection입니다. 유토피아는 다음

---

4) 역주: 성 아우구스티노를 지칭한다.

의 두 가지 요소에서 힘을 얻습니다. 그 하나는 지금의 현실이 야기하는 불일치, 불만족 혹은 불쾌감이며, 나머지 하나는 지금과는 다른 세상이 가능할 것이라는 확고한 신념입니다. 이 힘을 가동시키는 추진력이 있습니다. 그것은 바로 유토피아가 위안을 주는 환상이나, 상상이 낳은 소외가 아니라, 구체적인 역사적 상황 속에서 취해진 희망의 한 형식이라는 사실입니다.

세계는 완전해질 수 있으며, 인간은 보다 충만한 삶을 영위하는 데 필요한 자원들을 이미 갖고 있다는 믿음, 바로 그 믿음이 모든 유토피아 건설의 자양분이 됩니다. 물론 이러한 믿음은 그 이상을 실현시킬 개입을 구체적으로 찾아 나서는 일과 나란히 이루어져야 합니다. 사실 유토피아라는 말을 글자 그대로 해석하면 '어디에도 존재하지 않는'in no place이라는 뜻입니다. 다시 말해, 유토피아가 어떤 한 곳에 국한되어 존재하지 않는다는 것입니다. 그리고 유토피아는 역사적 실재로부터 완전히 동떨어진 것을 의미하지도 않습니다. 반대로 유토피아는, 지금은 상상에 그치는 것일 수도 있지만 앞으로 가능할 수 있는 발전을 목표로 삼습니다. 이것을 꼭 기억해둡시다. '아직 존재하지 않는 것, 새로운 것, 그러나 지금의 이 자리에서 출발하여 그것을 향해 꼭 나아가야 하는 어떤 것'이 바로 유토피아입니다. 그렇기 때문에 모든 유토피아는 이상적인 사회에 대한 설명을 담고 있을 뿐만 아니라, 그것을 가능하게 하는 메커니즘이나 전략에 대한 분석까지 담고 있습니다. 유토피아는 미래를 향한 투사projection이면서 동시에 현재를 돌아봄으로써 그 가능성의 길들을 찾아 나서는 것입니다. 이는 생생하게 묘사된 이상이 먼저 제시되고, 가설적으로 그것을 가능하게 하는 어떤 특정한 개입이 뒤따라 나오는 순서로 이루어집니다.

부언하자면, 유토피아는 현재와 미래를 오가는 움직임 속에서, 현재를 그 출발점으로 삼습니다. 그리하여, 지금의 현실이 안고 있는 바람직하지 않은 측면들을 부정하는 것이 유토피아의 근본적 바탕이 됩니다. 유토피아는 나쁜 상황, 불의한 상황, 비인간화 및 소외를 일으키는 상황을 거부하는 데서 출발합니다. 그런데 이는 아무 생각 없이 맹목적으로 거부하는 것이 아니라 지성적 판단을 거쳐 거부하는 것입니다. 유토피아는 새로운 것을 제안하지만 결코 현실에서 탈피하지 않습니다. 우리를 억압하는 요소들로부터 벗어나게 된다면 어떤 바람직한 일들이 생겨날 것인가? 더욱 드높은 것을 따르지 못하도록 막는 장애 요인들로부터 우리가 해방될 수 있다면 어떤 바람직한 것들이 가능해질 것인가? 이러한 물음들에 대한 지금 현재의 인식, 바로 거기서 비롯된 변화에 대한 기대가 유토피아의 윤곽을 이룹니다. 뚜렷한 이 두 갈래의 방향으로부터, 우리는 소망하는 미래와 견뎌내는 현재 사이에 불가분의 연결점을 볼 수 있습니다. 유토피아는 단순한 환상이 아닙니다. 유토피아는 현실에 대한 비평이며 새로운 경로에 대한 탐색입니다.

다른 가능한 세계를 추구하면서 현재를 부정하는 것은 미래를 위한 하나의 도약으로 표현되기도 합니다. 그런데 이것에는 그것을 실현가능하게 하는 경로를 찾아내는 일이 반드시 병행되어야 합니다. 여기에는 두 가지 극단적인 양상이 있습니다. 첫 번째는 어떤 '열광적'mad 속성입니다. 유토피아는 환상과 상상이라는 특징을 지니는데, 열광적인 것은 환상과 상상의 고유한 속성이기도 합니다. 그러나 유토피아 건설의 실재적 측면보다 환상 및 상상의 차원이 강조될 때, 유토피아는 단순한 몽상, 불가능한 욕망으로 변질될 수 있습니다. 요즘 유토피아라는 말을 사용할 때에는 그런 느낌이 가득 차 있는 듯합니다. 두 번째 극단은 현재를 부정하고 새로운 것을 수립하려고 욕망하는 가운데 유토피아가 원래 극복하려고 했던 권위주의를 극복하지 못하고 오히려 더욱더 흉포하고 비타협적인 권위주의에 빠지는 것입니다. 우리 인류의 역사에서 수많은 유토피아 사상들이 온갖 종류의 불의, 불관용, 박해, 학대 그리고 다양한 종류의 독재로 변질되지 않았습니까?

따라서 바로 이 두 가지 극단적인 양상들 때문에 유토피아에 대한 지금의 불신이 야기된 것입니다. 이는 오로지 지배세력의 작용이 있어야만 가능성이 열린다고 이해하는 가운데 가능한 것들에만 집착하는 이른바 현실주의 때문이거나, 새로운 세계에 대한 과도한 믿음 때문입니다. 그런데 현실주의는 윤리적 열망으로 현실을 새롭게 창조해낼 수 있는 인간의 능력을 거부합니다. 그리고 새로운 세계에 대한 과도한 믿음은 지난 세기에 사람들에게 더 많은 고통을 가져다주었을 뿐입니다.[5)]

우리는 여기서 다시 『신국론』을 살펴볼 수 있겠습니다. 유토피아는 우리가 알고 있듯이 전형적인 근대적 구성construction입니다. 사실 그것은 중세 후반부를 가로지르는 천년왕국 운동에 뿌리를 두고 있습니다. 하지만 성 아우구스티노는 '천상도성과 지상도성에 대한 개괄적 설명을 시작하면서' 변화와 지속성 사이의 관계를 밝혀내는 데 필요한 열쇠를 우리에게 제공합니다. 사랑이 다스리는 천상도성 그리고 개인주의가 지배하는 지상도성, 이 두 도성은 역사에서 서로 뗄 수 없는 관계로 대립합니다. 변화와 연속성의 관계는 유토피아 사상에서 가장 중요한 점이며 모든 역사적 창조성의 핵심입니다. 『신국론』은 무엇보다 정치권력과 현 상태status quo를 추종하는 개념에 대한 비판입니다. 이것은 단지 이교도 국가에만 국한된 문제가 아니었습니다. 그리스도교는 로마의 국교로 공인되자마자, 마치 로마제국이 지상에 완성된 하느님 나라인 것처럼, 주어진 정치 현실을 옹호하는 관변신학official

5) 역주: 공산주의를 비롯한 이데올로기 통치를 의미한다.

theology의 양상을 드러내기 시작했습니다.

성 아우구스티노가 그의 저서에서 반대했던 것이 바로 역사적 현실에 대한 이 같은 유형의 신학적 해석이었습니다. 로마제국에 있는 부패의 씨앗들을 분명히 보여주면서, 성 아우구스티노는 그리스도의 왕국과 이 세상의 왕국을 동일시하는 것을 철저히 배격했습니다. 그는 천상도성을 역사에 존재하는 현실로 제시했습니다. 다만 그것이 지금은 지상도성과 혼재되어 있으며, 최후의 심판 때에 비로소 완전히 분리될 수 있다고 했습니다. 이렇게 설명함으로써 성 아우구스티노는 '또 다른 가치와 또 다른 이상'에 의해 실천되고 구성되는 '또 다른 역사적 가능성'의 여지를 만들었습니다. 관변신학에서 역사는 배타적이며 배제적인 자기 준거 권력self-referential power의 장場일 뿐입니다. 하지만 천상도성에는, 구원의 은총 그리고 변모된 인류와 세계를 향한 하느님의 계획을 포용하는 자유의 공간이 세워져 있습니다. 종말 때에 완성될 이 계획은, 이미 역사에서 새로운 현실을 잉태하며, 거짓된 결정주의를 타도하고, 의미 충만한 희망과 창조성의 지평을 끊임없이 열어줍니다. 이는 우리로 하여금 서서히 힘차게 앞으로 나아가도록 끊임없이 초대하는 약속의 지평입니다.

성화 모델들consecrated models에 대한 비판에서 도출된 '유토피아적 순간'utopian moment[6] 개념 역시 생각해볼 수 있겠

6) 역주: 역사학자 J. G. A. 포콕이 제시한 개념으로, 상황들이 하나의 주

습니다. 나아가, 그것을 성 아우구스티노의 현실주의와 서로 연결 지어볼 수도 있겠습니다. 히포의 주교[7]는 현실주의를 바탕으로 교회 안에서 적극적인 역할을 해야 한다고 보았습니다. 성 아우구스티노는 강하고 일치된 교회, 당신 자신이 그 영광스런 증거자였던 신앙 체험 안에 일치된 교회, 그러면서도 구체적 공동체 안에서 역사적이고 세상을 향해 열린 방식으로 성취되는 교회를 건설하기 위해 헌신적이며 구체적인 노력을 기울였습니다. 그는 도나투스파Donatists[8]에 대해 단호한 입장을 취했습니다. 그의 단호한 입장 덕분에, 새 하늘과 새 땅에 대한 희망이, 순수를 지향하고 세상에 물들지 않아야 한다는 명목하에 지금 당면한 도전에 대해 팔짱을

요한 변동의 기점으로 이어져 동료 인간 및 세계와의 유대 속에서 유토피아적인 희망이 일시적으로나마 열리고 희망의 재조명이 가능해지는 시기를 말한다.

7) 역주: 성 아우구스티노를 지칭한다.

8) 역주: 도나투스(Donatus, 313~347)에 의해 제창된 북아프리카 교회의 이단 사상. 도나투스는 일종의 엄격주의자, 완벽주의자로 신앙에 대한 열성은 높이 평가받을 만하나 그의 지나친 완벽주의적 견해는 성사적 의미에 대한 신학적 문제를 야기했다. 즉, 배교자나 열교(裂敎)인 이단자들에 의한 성사 집행은 무효라는 것이다. 성사는 그 집행 자체에 의해 은총이 주어지는 것〔성사의 事效性, ex opere operato〕이 아니고 집전자의 성성(聖性)과 정통성에 따라 성사의 유효·무효가 결정된다〔성사의 人效性, ex opere operantis〕는 그의 주장은, 아우구스티노를 비롯한 후대 교부들에 의해 반박되었다. 따라서 이단자가 베푼 세례는 무효이기 때문에 다시 세례를 받아야 한다는 주장이나〔이단자 세례논쟁〕 교회는 성인(聖人)들만의 교회여야 한다는 극히 제한적이고 엄격한 교리관은 모두 교회에 의해 반박, 단죄되었다. 도나투스파는 5세기부터 영향력을 잃었으며, 7세기경에는 자취를 감추었다.

끼고 방관하는 그런 것이 아니라는 현실주의적 확신이 조명을 받을 수 있었습니다. 오히려, 그와 반대로, 새 하늘과 새 땅에 대한 희망은, 일상이라는 진흙, 곧 인간의 역사를 형성하는, 아직 무엇이 될지 모르는 진흙을 뭉쳐낼 수 있도록 우리를 올바른 길로 이끌어주며 우리에게 에너지를 줍니다. 그럼으로써 하느님의 딸과 아들들은 그 일상의 진흙으로 가치 있는 세계를 담아낼 수 있게 됩니다. 하지만, 새 하늘과 새 땅에 대한 희망이 이뤄낼 세계는 지상에 세워진 천국이 아닙니다. 그것은 하느님의 종말론적 완성eschatological action을 기다리는, '보다 인간화된 세계'라고 보는 것이 맞을 것입니다.

그리스도교적 전망에서 보았을 때, 역사적 창조성은 밀과 가라지의 비유[9]를 따르는 것이라 할 수 있습니다. 유토피아를 계획하는 것이 필요하지만 동시에 유토피아가 무엇인지 고려하는 것 역시 필요합니다. 우리에게 "전부 지우고 처음부터 다시 시작한다"라는 선택지는 존재하지 않습니다. 창조

---

9) 역주: 예수님께서 또 다른 비유를 들어 그들에게 말씀하셨다. "하늘 나라는 자기 밭에 좋은 씨를 뿌리는 사람에 비길 수 있다. 사람들이 자는 동안에 그의 원수가 와서 밀 가운데에 가라지를 덧뿌리고 갔다. 줄기가 나서 열매를 맺을 때에 가라지들도 드러났다. 그래서 종들이 집주인에게 가서, '주인님, 밭에 좋은 씨를 뿌리지 않았습니까? 그런데 가라지는 어디서 생겼습니까?' 하고 묻자, '원수가 그렇게 하였구나.' 하고 집주인이 말하였다. 종들이 '그러면 저희가 가서 그것들을 거두어 낼까요?' 하고 묻자, 그는 이렇게 일렀다. '아니다. 너희가 가라지들을 거두어 내다가 밀까지 함께 뽑을지도 모른다. 수확 때까지 둘 다 함께 자라도록 내버려 두어라. 수확 때에 내가 일꾼들에게, 먼저 가라지를 거두어서 단으로 묶어 태워 버리고 밀은 내 곳간으로 모아들이라고 하겠다'"(마태 13,24~30).

적이 된다는 것은 오늘날의 현실을 구성하는 모든 것을 내던져버리는 것이 아닙니다. 비록 그것들이 한계가 있고, 부패되고 다 닳아 헤졌더라도 말입니다. 현재나 과거가 없는 미래는 존재하지 않습니다. 창조성이란 기억과 식별, 평정과 정의, 신중함과 끈기를 모두 포함하는 것입니다. 우리가 교육 분야에서 결실을 얻어 우리나라에 도움이 되고자 한다면, 유토피아라는 축과 현실적인 축, 양쪽 모두를 간과할 수 없습니다. 왜냐하면 이 두 가지 축 모두가 역사적 창조성에 있어 필수적이기 때문입니다. 우리는 새로운 것을 지향해야 하지만 그렇다고 해서 다른 사람들, 혹은 우리 자신들이 공들여 이룬 것들을 한꺼번에 쓰레기통에 버려서는 안 됩니다.

아르헨티나 역사의 창조적 인물

우리는 이것을 좀 더 구체적인 방식으로 살펴보고자 합니다. 기왕이면 우리 아르헨티나의 역사에서 교훈을 얻어보면 어떨까 싶습니다. 저는 아르헨티나의 건국 시기를 살펴보면서, 아르헨티나 건국에서 중요한 공헌을 했음에도 대중들에게 잘 알려지지 않은 한 인물을 찾아냈습니다. 그는 바로 마누엘 벨그라노Manuel Belgrano[10]입니다.

10) 역주: 아르헨티나의 독립영웅이자 아르헨티나 국기를 고안한 인물이다.

그는 '1차 의회'The First Assembly, Primera Junta[11]와 아르헨티나 국기 고안에 참여했습니다. 그것 말고 그에 관해 이야기할 수 있는 것이 어떤 것이 있겠습니까? 그는 성공한 사람은 아니었습니다. 적어도 요즘 같은 실용주의의 시대, 참의미가 사라진 시대에서 우리가 흔히 '성공했다'고 일컫는 그런 의미에서 봤을 때 그는 성공한 사람이 아니었습니다. 그의 군사작전들은 기발함이나 깊이가 부족했습니다. 산 마르틴Hose de San Martin[12]에게는 '해방자'라는 칭호가 붙어 다녔는데 그것은 산 마르틴의 군사작전에는 기발함과 깊이가 있었기 때문입니다. 벨그라노는 사르미엔토Sarmiento[13]처럼 필력이 뛰어나지도 않았습니다. 정치인으로서 보았을 때도 벨그라노는 항상 2인자 역할에 머물러 있었습니다. 그의 사생활 역시 그다지 주목할 만한 점이 없었습니다. 건강은 항상 좋지 않았고, 사랑했던 여인과도 결혼하지 못했으며, 쉰 살의 나이에,

11) 역주: 1810년 5월 25일 나폴레옹이 스페인을 침공하여 페르디난도 7세를 축출하자, 부에노스아이레스 시민들은 '1차 의회'(The First Assembly, Primera Junta)를 구성하였고, 아르헨티나는 이날을 '5월 혁명'으로 기념하고 있다. 통상적으로 '1차 의회'를 아르헨티나 최초의 독립정부로 본다.

12) 역주: 남아메리카 제국의 독립운동 지도자로, 독립혁명군을 지휘하여 아르헨티나·칠레·페루를 에스파냐로부터 해방시켰다.

13) 역주: 아르헨티나의 문필가이자 교육가, 정치가다. 독재자 로사스의 반대파로 *El Zonda*라는 주간 신문을 창간하고 칠레에 망명하여 라틴아메리카의 고전으로 꼽히는 『파쿤도, 아르헨티나 팜파스의 문명과 야만』(저자의 살아생전에 출간된 마지막 판본의 제목)을 저술했다. 서민교육과 자유를 위해 투쟁하였고 대통령직을 역임하였다.

그것도 궁핍 속에서 생을 마감해야 했습니다. 그럼에도 사르미엔토는 그에 대해서 이렇게 언급했습니다. 벨그라노야말로 "후세에 떳떳하며, 혹독한 심판관인 역사 앞에서마저 떳떳한 몇 안 되는 인물입니다. 그는 사람들이 잘 모르는 가운데 조용히 죽음을 맞이했습니다. 그의 조용한 죽음은 오히려 그가 얼마나 강직한 시민이었으며 흠 없는 애국자였는지 방증해 줄 뿐입니다". 아르헨티나 역사에서 소위 '성공했다는 인물들' 가운데 그렇게 평가받을 만한 사람은 아마도 극소수일 것입니다. 벨그라노는 타의 추종을 불허하는 덕성과 깊은 그리스도교 신앙을 갖춘 인물이었습니다. 그뿐 아니라 벨그라노는 가장 적절한 순간에 진정한 창조성의 특징인 역동성, 동기, 균형을 찾아낼 줄 아는 그런 사람이기도 했습니다. 현실주의적 지속과 관대한 변화를 하나로 결합시키는 일은 힘들지만 풍성한 결실을 약속합니다. 우리 조국의 여명기에 그가 미친 영향은 사람들이 생각하는 것보다 훨씬 위대했습니다. 그렇기 때문에 지금과 같은 불확실성의 시대에, 또 도전의 시대에 벨그라노를 되돌아보고 어떻게 하면 역사적 창조라는 모험에 확고한 기초를 놓을 수 있을지 살펴보는 것은 의미 있는 일입니다.

창조적 혁명가

벨그라노는 유토피아의 시대를 살았습니다. 이탈리아인 아버지와 스페인 혈통의 아르헨티나 어머니 사이에서 아들로 태어난 벨그라노는 어머니의 나라인 스페인에서도 손꼽히는 명문 학교인 살라망카 대학교Universidad de Salamanca, 마드리드 콤플루텐세 대학교Universidad Complutense de Madrid, 바야돌리드 대학교Universidad de Valladolid에서 법학 공부에 전념했습니다. 세기 말에 유럽은 요동치고 있었으며, 젊은 벨그라노는 이미 시작한 법학 공부뿐 아니라 새로운 시대를 구현하는 신新사상들의 회오리바람에도 관심을 가지게 되었습니다. 그는 특히 정치경제학에 관심을 가졌습니다. 당시 가장 진보적인 사상을 확고하게 믿게 된 벨그라노는 마음속으로 준엄한 계획을 하나 세웁니다. 그는 이 모든 학문적 성과들을 자기가 태어난 나라의 대의를 위해 활용해야겠다고 생각합니다. 그리하여 1794년 그는 리오 데 라플라타 총독부 산업통상 왕립영사관의 종신 영사Perpetual Secretary of Royal Consulate of Industry and Commerce of Rio de la Plata가 됩니다. 지금으로 따지면 재정경제부 장관이나 산업자원부 장관과 비슷한 것이라 할 수 있습니다. 강력한 중앙집권체제였던 스페인 부르봉 왕가가 식민지 여성과 외국인 사이에서 태어난 아들에게 이 같은 중책을 맡기는 경우는 흔한 일이 아니었습니다. 그러나 부에노스아이레스에서 벨그라노처럼 훌륭하게 양성된 사람을 찾기란 쉽지 않은 일이었습니다. 새로 부임한 영사관은 변혁의 정신으로 생산과 통상을 장려하며 맡겨진 직무에 최선을 다했습니다. 그러나 얼마 되지 않아 아메리카의 현실을 직시하게 됩니다. 그는 인간의 권리와 진보에 대한 훌륭한 이상들이, 식민 행정부의 보수적 사고방식과 서로 충돌하는 한편 부에노스아이레스의 부유 계층인 상인 계층의 이익과도 역시 충돌한다는 사실을 이내 깨닫습니다. 당시 상인들은 스페인 독점과 밀수에서 이득을 얻고 있었습니다. 벨그라노는 그의 짧은 자서전에서 이렇게 말했습니다.

> 대중의 이익을 경시하고 자기 이익을 우선시하는 사람들은 지역 주민들을 위한 일은 그 어떤 것도 하지 않는다는 사실을 나는 이미 잘 알고 있었다. 그렇지만 직무상 맡게 된 의무로 인해 이 같은 유용한 주제에 대해서 말하고 쓸 수 있게 된 이상, 나는 최소한 언제고 열매를 맺을 씨앗을 뿌리기로 결심했다. 언젠가는 어떤 사람이 나와 같은 정신에 힘입어 이 씨앗을 가꾸는 데 헌신할 수도 있을 것이다. 아니면 이 씨앗이 품고 있는 타고난 본성으로 인해 씨앗이 저절로 싹트게 될 수도 있을 것이다.

"그 씨앗은 무엇입니까?"라고 물었다면, 우리의 영웅, 벨그라노는 아마도 "학교를 세우는 것이야말로 영혼을 가꾸는 것입니다"라고 대답했을 것입니다. 벨그라노의 혁명가 정신은 빠르게 알아차렸습니다. 정적이며 경직된 현실을 수정할 수 있는 새로운 것들이 교육을 통해 도래하리라는 사실을 말입니다. 벨그라노는 모든 수단을 동원해 기초 교육 및 전문 교육을 위한 학교 건립을 장려했습니다. *Las Memorias anuales del Consulado, Telégrato Mercantil,* 그리고 그 후에 발행된 *Correo de Comercio* 는[14] 이 씨앗을 뿌리는 데 필요한 유용한 도구가 되었을 것입니다. 그는 신문에 기고한 메시지들을 통해 기술 교육의 필요성을 주창하면서, 농업, 상업, 건축, 수학, 제도drafting를 가르치는 학교들의 설립을 기획했습니다. 하지만 그 가운데 항해 학교와 제도 학교의 설립만이 실제로 실현되었습니다. 벨그라노는 다른 어떤 사람보다 먼저 근대 학문 분야 및 기술의 교육 내지는 훈련이 나라 발전에 중요한 열쇠라는 점을 이해하고 있었습니다. 그의 계획이 더 이상 진전되지 않은 것은, 벨그라노 자신이 몇 년 뒤에 기술한 바와 같은, 다음의 이유에서입니다. "부에노스아이레스 정부 혹은 마드리드 왕실의 정치가 완전히 실패했기 때문이었습니다. 그게 아니라면 사업가들이 완전히 실패했거나, 그 사업가들을 구성하는 각 개인이 완전히 실패했기 때문이었습니다. 사업가들에게는 상업적 이익 이외에 다른 동기와 정의, 유용성과 필요성은 존재하지 않았습니다. 상업적 이익과

14) 역주: 당시에 발간된 신문의 이름들.

충돌하는 것은 무엇이든지 반대에 부딪쳐 더 이상 의지할 곳 없이 좌초되었습니다." 하지만 벨그라노는 그런 이유로 자기의 노력을 포기하지는 않았습니다. 그는 이런저런 방법을 다 동원해 자기 생각을 끊임없이 퍼뜨렸고, 그 생각을 실천했습니다. 그는 이상주의자이면서, 사람들과 잘 어울리는 무난한 성격의 소유자였지만 동시에 불굴의 의지로 쉽게 좌절하지 않았습니다.

벨그라노는 경제 발전에 노력을 기울이는 것에 더불어서 "문명화된 인간은 결코 노예화되지 않는다"라고 생각했습니다. 그의 사고방식은 그리스도교적이면서 동시에 계몽적이었는데, 그 중심에는 인간의 인격적 존엄성이 자리하고 있었습니다. 도시와 시골에 학교를 설립하려던 그의 노력 역시 바로 인간의 인격적 존엄성에서 비롯되었습니다. 그는 학교에 다니는 모든 아이들이 기초적인 읽기 교육, 기본 수학, 천주교 교리 그리고 생계유지에 필요한 몇 가지 직업 기술을 배울 수 있게 되기를 기대했습니다.

그는 1796년에 다음과 같이 썼습니다. "저렇게 처참한 판잣집에서 수많은 아이들이 빈둥대는 것 말고는 아무것도 해보지 못한 채 사춘기를 맞습니다. 우리는 이 아이들을 아주 세심하게 대해주어야 합니다." "〔…〕 이 목적에 합당한 가장 주요한 수단은 바로 무상으로 다닐 수 있는 학교입니다. 불행한 처지에 있는 사람들이 교육비를 지불할 필요 없이 자녀들을 학교에 보낼 수 있어야 합니다. 학교에서 학생들은 좋은 행동 수칙을 배우고 노동에 대한 애정을 키우게 될 것입니다. 게으름이 지배하는 나라에서는 상업이 쇠락하고 빈곤이 그 자리를 채우기 마련입니다."

벨그라노는 기하, 건축, 측량 및 제도 학교의 교칙을 자기 손으로 직접 썼습니다. 거기에 담긴 그의 주장은 그 내용면에 있어서도 사뭇 달랐습니다. 그는 스페인 사람들, 식민지 출신의 후손들, 원주민들 모두에게 평등한 권리가 있음을 주장했습니다. 그는 "우리 땅에서 가장 가진 것 없는 이들"인 고아들을 위한 시설도 네 곳이나 설립했습니다. 동일선상에서 벨그라노는 여성 교육도 똑같이 근본적으로 중요하다고 여겼습니다. 그가 살던 시대는 남자와 여자의 평등한 조건과 권리에 대한 실질적인 인식 자체가 거의 없던 때였습니다. 벨그라노는 행동하는 참된 창조자로서 자기가 성취한 것에 만족할 뿐, 그 성취에서 자기 이익을 편취하지 않았습니다. 오히려 그는 자기가 지닌 에너지 가운데 더 많은 부분을 새로운 사회, 모두에게 더 나은 또 다른 사회를 그리기 위해 헌신했습니다. 그는 당시의 가장 선진적인 사상에도 개방되어 있었으며, 동시에, 이제 막 형성되고 있는 새로운 세계에서는 어느 누구도 소외되어서는 안 된다고 생각했습니다. 대개 이상주의자들은 자기 계획의 실제적인 난제들을 회피하는 경향이 있는데, 벨그라노는 그렇지 않았습니다. 그는 이 모든 것들을 가능하게 할 재정 수단 및 인적, 물적 자원을 찾아내려고 애썼습니다. 그리고 본인이 솔선수범하여 아무 주저 없이 중대한 교육적 노력을 뒷받침하는 데 꼭 필요한 물적 기부를 했습니다. 1810년 혁명 직후에, 벨그라노는 165권의 책을 오늘날 아르헨티나 국립도서관the Biblioteca Nacional의 전신인 부에노스아이레스 공공 도서관에 기증했습니다. 마찬가지로, 살타 전투the battle of Salta에서 승리한 보상금으로 받은 4만 페소도 타리하Tarija, 살타Salta, 투쿠만Tucumán, 산티아고 델 에스테로Santiago del Estero, 이렇게 네 곳에 세울 학교의 건축기금으로 희사했습니다. 그리고 벨그라노 자신이 직접 이 학교 헌장의 초안을 작성했습니다. 헌장에는 어떻게 자원을 활용하여 교사의 임금을 지급하고, 궁핍한 가정의 자녀들에게 교구와 교재를 제공할 것인지 등에 관한 내용이 담겨 있었습니다. 교사를 "나라의 아버지"로 여겨야 하며, 교사가 시의회에서 당연직 의석 한 자리를 가져야 한다는 그의 주장들은 참으로 탁월하기 이를 데 없습니다. 다만 한 가지 안타까운 사실은 이 학교들이 실제로는 건립되지 못했다는 것입니다.

식별 원칙 1: "보이는 것이 다가 아니다"

부에노스아이레스의 대주교가 이제는 사학과 교수로 전업하려는 것처럼 보일 수도 있으니 역사 이야기는 이 정도로 마무리하고, 이제는 우리가 이제껏 살펴본 것 안에서 창조성에 대해 어떤 배울 점들이 있는지 살펴보겠습니다. 벨그라노의 태도에는 역사적 시대 사이의 엄청난 격차들을 뛰어넘는, 항구하고 가치 있는 면모들이 상당히 많았습니다. 그는 항상 저 너머를 보려고 했고, 이미 알려진 것들, 현재의 좋고 나쁨에 매몰되지 않으려고 했습니다. 의심의 여지없이, 이와 같은 유토피아적인 태도는 그야말로 창조성의 필수 요소들 가운데 하나입니다. 사람들이 흔히 쓰는 표현을 조금 바꾸어서 말하자면, 창조성은 "보이는 것이 다가 아니다"라는 사실을 긍정하는 희망에서 생겨납니다.

그렇기 때문에 창조를 향한 도전은, 우리로 하여금 '가능한 오직 한 가지 방법'인 것처럼 보이는 모든 담론, 생각, 확언, 제안을 의심하게끔 합니다. 항상 그 밖에 다른 것들이 존재하며, 그 밖에 다른 가능성들이 존재합니다. 그 다른 가능성들이 어쩌면 더욱 고되고, 더욱 위험할 수도 있습니다. 확고한 기득권을 누리는 이들이 이 새로운 가능성들을 반대할 수도 있습니다. 자기들을 위해 만사가 평탄하게 흘러간다고 생각하는 이들 역시 이 새로운 가능성들을 반대할 수 있습니다. 우리 아르헨티나 사람들은 이미 '가능한 오직 한 가지 방법'이라는 담론으로 인해 지난 10년 동안 고통에 시달렸습니다. 학계와 학문 분야가 비중 있고 걸출한 논증으로 그 담론을 전적으로 지원했습니다. 전문가들과 박사학위 소지자들이 내어놓은 최상의 지혜도 그것을 거들었습니다. 이 시대에 현인이라고 할 만한 사람들의 헛된 약속들이 어떤 결말을 맞았는지 우리는 잘 지켜보았습니다. 지금에 와서 사람들은 전부 '무슨 일이 벌어졌는지'에 대해서는 잘 모르면서 '무슨 일을 했어야 했는데'라는 주장들만 늘어놓습니다. 경제학적 지혜의 우상들과 언론계의 여론 형성자들이 "이것만이 우리가 할 수 있는 유일한 대안"이라고 외쳤던 바에 따라 '벌어진 일들'에 대해서는 다들 망각하고 있는 것 같습니다. 창조적이라는 것은, '이것만이 우리가 할 수 있는 유일한 대안'이라고 주창하는 것이 아니라, 항상 새로운 지평이 있다는 것을 긍정하는 것입니다. 우리가 2세기 전의 어떤 고위 관료[15]로부터 닮고자 하는 것은 단순하고 어리석은 낙관주의가 아닙니다.

"보이는 것이 다가 아니다"라는 긍정은 부활하신 그리스도에 대한 신앙에서 직접적으로 파생됩니다. 그리스도의 부활이라는 이 결정적이며 획기적인 사건은 모든 다른 성취를 잠정적이며 미완의 것으로 선언합니다. 이 획기적인 사건을 통해 지금 현재와 새 하늘과 새 땅의 출현 사이에 놓인 거리를

15) 역주: 벨그라노를 지칭한다.

가늠할 수 있습니다. 오직 행동하는 희망의 실천만이 그 거리를 극복할 수 있습니다. 이를 위해서는 모든 기만적인 완성이 거짓임을 판명하고, 새로운 지평과 대안을 열 수 있는 창조성이 있어야 합니다.

우리가 어떤 사람, 어떤 학생, 어떤 동료를 어떤 제목, 정의, 개념하에 분류하고, 이름 붙이고, 한데 묶는다면 그 사람 위에 묘비를 세우고 비문을 새겨넣는 것이나 다름없습니다. 우리는 체념과 함께 "그건 원래 그런 거야" "그들은 늘 그런 식으로 일하지" 혹은 "그걸 가지고 네가 할 수 있는 건 아무것도 없어"라고 선언함으로써 어떤 사람 혹은 교육기관의 쇄신과 성장의 길목을 차단할 때가 얼마나 많습니까? 기타의 모든 교육기관들이 그렇게 하더라도 그리스도교 신앙으로 살아가는 사람들만큼은 쉽게 체념하거나 '이미 알려진 것'에 안주해서는 안 됩니다. 우리 학교들은 "보이는 것이 다가 아니다"라는 사실을 삶으로 보여주는 살아 있는 표징이 되도록 소명 받았습니다. 우리 학교들은 또 다른 세계, 또 다른 나라, 또 다른 사회, 또 다른 학교, 또 다른 가족이 가능하다는 것을 보여주는 표징이 되어야 합니다. 학교는 새로운 형태의 관계, 새로운 형제자매애의 길, 각각의 인간 존재 안에 있는, 지금까지 볼 수 없었던 어떤 것들에 대한 존중, 더욱 폭넓은 개방성과 진정성, 협력을 특징으로 하는 노동관계가 가능한 기관이 되어야 합니다. 조종, 경쟁, 권모술수, 권위주의, 이익에 따른 편애를 기반으로 하는 관계들은 청산되어야 합니다. 완전히 폐쇄적이며 단정적인 논의는 기만적인 요소들을 숨기고 있는 경우가 많습니다. 그것은 보여줘서는 안 될 것들을 숨기며, 진리를 틀어막으려고 합니다. 진리는 진정으로 최종적인 것에 열려 있으며, 진정으로 최종적인 것은 이 세계의 속한 것이 아닙니다. 우리가 바라는 학교는 새로운 것에 열려 있으며, 스스로 놀라움을 자아낼 수 있고, 누구에게든, 어느 것에서든 배울 줄 아는 그런 학교입니다. 진리에 뿌리를 둔 학교는 항상 놀랍습니다. 이 같은 학교는 벨그라노가 앞서 언급했던 씨앗이 되며, 무엇보다도 복음 말씀이 이야기하고 있는 씨앗, 새롭게 변혁된 세계의 씨앗이 됩니다.

저는 여러분들에게 한 가지 제안을 하고자 합니다. 거짓, 은폐, 위선 때문에 사회적 유대를 가능하게 하는 기본적 신뢰가 실종된 사회에서, 진리보다 더 혁명적인 변화를 가져올 수 있는 것이 어디 있겠습니까? 진리를 담아 이야기하는 것, 진실을 말하는 것, 우리 나름의 기준, 가치, 의견을 설명하는 것보다 더욱 혁명적인 것이 어디 있겠습니까? 지금 이 시점에서 거짓과 위선을 삼간다면 그것만으로도 풍성한 결실을 얻어 우리는 더욱 책임 있고, 너그러운 사람들이 될 것입니다. 거짓은 모든 것을 흐릿하게 만들지만, 진리는 깊은 곳에 있는 것을 밝혀줍니다.

첫 번째 제안: 학교 안에서 혹은 학교 바깥에서 항상 진실

만을 이야기하도록 합시다. 그렇게 할 때 틀림없이 눈에 띄는 변화가 생길 것이며, 우리 공동체에 새로운 어떤 것이 자리하게 되리라고 저는 확신합니다.

식별 원칙 2: "한 사람, 한 사람, 그리고 모든 이들"

희망의 가능성을 폐쇄시키는 고립된 사고와 희망을 왜곡하는 거짓 유토피아를 밝힐 수 있는 올바른 복음적 기준은 바로 보편성universality의 기준입니다. 바오로 6세도 참된 발전과 관련한 식별의 원칙으로서 "한 사람, 한 사람, 그리고 모든 이들"all of man, all of men을 제안한 바 있습니다. 라틴 아메리카 주교단의 이른바 "가난한 이들을 위한 우선적 선택"이 추구하는 바도 역시, 다름 아니라 모든 차원의 총체성 및 보다 나은 사회를 위한 계획에 모든 이들을 아우르는 것입니다. 아마도 이런 이유 때문에 벨그라노가 모든 이를 위한 교육, 특히 가장 도움이 필요한 이들을 위한 교육을 주창했던 사연이 우리에게 친숙하게 들리는 것일지도 모릅니다. 만약 어떤 사회가 구성원의 일부 혹은 대다수를 외면한다면 그 사회를 바람직한 사회라고 할 수 있겠습니까? 이기적인 관점에서 보더라도, 그런 사회에서 다음 순서로 배제될 사람이 내가 아니라고 어떻게 장담할 수 있겠습니까?

우리 사회는 지난해가 되서야 비로소 이런 것들을 조금이나마 배우게 된 게 아닌가 싶습니다. '가난한 사람들은 우리 가운데에 늘 있었습니다.' 여러 기관들은 모든 사람이 사람다운 삶을 살 수 있는 기회만큼은 적어도 보장해보려고 했습니다. 하지만 지난 수십 년 동안 그 기관들이 하나둘씩 무너져 버리고 말았습니다.

장시간 노동에도 불구하고, 사회 보험의 보호는 사라지고, 평가절하되었으며, 지역 경제는 파산했습니다. 오늘날 사람들은 어린이들이 영양실조로 죽어가는 것을 보며 경악하고 있습니다. 하지만 몇 년 전만 해도 우리들은 소비의 세계에 살고 있었습니다. 그때 우리는 어떤 이들이 제1세계의 시민이 될 때, 다른 어떤 이들은 밑바닥 세계로 추락하고 있다는 사실을 상상하지도 않았고, 상상하고 싶어 하지도 않았습니다. 직업, 희망, 미래도 없는 그 밑바닥 세계에서 생활불능자로 지정되거나, 불공정하고, 냉랭한 시스템이 제공하는 지원의 대상자로 전락한 사람들(늘 부족한 이들)이 존재한다는 사실을 우리는 외면해왔습니다. 은행예금이 동결되고, 은행이 파산하자 비로소 많은 아르헨티나 사람들이 안전하다고 여겼던 자기들에게마저 시한폭탄이 닥쳤음을 실감하게 되었습니다.

우리가 만약 "어떤 사람들은 되고 어떤 사람들은 안 된다"는 생각을 받아들인다면, 온갖 일탈이 뒤따라오게 될 문을 열어주는 셈이 됩니다. 우리가 추구하는 창조성의 핵심은 바로 이해타산을 따질 때는 잘 고려되지 않는 측면에서 어떤 현상을 바라볼 수 있는 능력입니다. 제외된 사람은 없는지, 소외된 사람은 없는지 살펴보기 위해서 뒤를 돌아볼 줄 알아야 합니다. 이렇게 해야 하는 데에는 많은 이유가 있습니다. 첫째, 그리스도교 논리에서 볼 때, 모든 사람은 나름의 자리가 있으며, 한 사람, 한 사람은 없어서는 안 될 존재이기 때문입니다. 둘째, 배타적인 사회는 결국 모든 이를 적으로 돌리는 사회이기 때문입니다. 셋째, 소외된 것들이 쉽게 물러서지는 않기 때문입니다. 문으로 들어오지 못한 것은 창문을 비집고 들어오려고 할 것입니다. 결과적으로 배타적인 기억상실의 사회는 겉으로 보기에는 아름다울지 몰라도 점점 더 억압적으로 될 것입니다. 그런 사회는 부자의 식탁에서 떨어진 부스러기라도 얻어먹으려고 밖에서 문을 두드리는 라자로 같은 사람들을 피하려고 안간힘을 쓰기 때문입니다.

모든 그리스도교 교육의 본질적인 사명은 전적으로 포용에 투신하는 것이며 포용을 위해 일하는 것입니다. 가장 크게 소외된 사람들에게 교육을 제공하는 것이야말로 교회의 오랜 실천이 아니었습니까? 수많은 수도회와 교육사업 역시 바로 그 목적을 위해 설립되고 착수되지 않았습니까? 오랫동안 우리는 늘 봉사와 포용이라는 사명에 따라 살아오지 않았습니까? 그런데 도대체 어떤 폭풍이 우리를 이 복음적 목표를 향한 경로에서 이탈시켰습니까? 우리 교회 역시 서비스를 받고자 하는 모든 이들, 특히 가난한 이들에게 무상교육을 제공하는 것을 꿈꾸어왔습니다. 그런데 그 꿈은 어디로 사라져버렸습니까?

한 가지 확실한 사실은 하늘에서 내리는 만나처럼 어떤 것이 하늘에서 뚝 떨어지지는 않는다는 것입니다. 사실 요즘에 와서는 가톨릭 교육기관들을 유지하는 것마저 버거운 상태입니다. 당연히 국가가 알아서 나름의 책임과 기능을 가지고 여러 가지 방법으로 모든 이를 위한 질 좋은 무상교육을 보장해야 하겠습니다. 하지만 제가 여기서 말씀드리고 싶은 것은 바로 사고방식mentality의 문제입니다. 우리가 가톨릭 학교를 운영할 때 가지고 있는 사고방식, 우리가 아이들에게 전달하는 사고방식, 또한 우리가 결정을 하고 선택을 내릴 때 지니는 사고방식 말입니다. 가톨릭 학교들은 '형제자매적 연대'라는 명확한 기준에 따라 운영되어야 합니다. '형제자매적 연대'라는 이 기준은 학교의 모든 차원과 활동에 뚜렷하게 새겨져 있어야만 합니다. 그리고 제가 꼭 당부하고 싶은 것은 이 형제자매적 연대가 그리스도교인 교사 한 사람, 한 사람에게도 역시 뚜렷하게 새겨져 있어야 한다는 점입니다. 교사가 하는 일은 결코 단순한 상업적 거래가 아닙니다. 사실 어떤 직업도 단순한 상업적 거래로 환원될 수 없지만, 교사의 직무는 더더욱 그렇습니다. 교사의 노동은 인격체를 위한 헌신, 특히 어린 인격체를 위한 헌신이며, 교육자에게 맡겨진 아이들이 진정한 자기 모습을 찾아갈 수 있도록 돕는 헌신입니다. 벨그라노는 여러분들을 "나라의 아버지"라고 칭송했을 뿐 아니라 의회에 교사를 위한 의석을 확보해야 한다고 요구했습니다. 마찬가지로 저는 우리 교구의 모든 교육기관들 역시 우리 선생님들에게 그에 합당한 보상을 해줄 수 있기를 바랍니다.

여기서 보상이란 경제적 보상만이 아니라 존경, 참여, 인정을 통한 보상을 말합니다. 경제적 영역에서 현실은 거부할 수 없는 제약을 부과합니다. 하지만 우리 모든 사람이, 곧 교사, 관리자, 사목자, 학부모, 학생들이, 한 사람, 한 사람을 인정하고, 수락하며, 포용하고, 존중하는 또 다른 세계의 표징이 될 수 있습니다. 이는 각 사람이 어떤 쓸모가 있어서가 아니라, 하느님의 아들과 딸로서 인간 존재가 지닌 내재적 가치를 지니기 때문입니다. 우리나라는 지금 위기에 처해 있습니다. 우리는 이 위기의 순간에 창의성을 발휘하도록 부르심 받았습니다. 그러므로 우리는 교회로서, 학교로서, 교사로서, 참으로 포용적이고 보편적인 사고방식과 실천에 기여하기 위해 우리가 무엇을 할 수 있을지 자문해봐야 합니다. 몇몇 사람들에게만 가능성을 열어주는 교육이 아니라, 활용 가능한 모든 다양한 수단을 동원해 우리 시야에 있는 모든 이들에게 가능성을 열어주는 교육을 해야 합니다. 이를 위해 우리가 무엇을 할 수 있을지 스스로 생각해봐야 합니다.

두 번째 제안: 형제자매적 연대라는 그리스도교적 가치를 온 마음을 다해 용감히 따릅시다. 도시 문화에 뿌리박힌 개인주의적이고 경쟁적인 사고방식이 학교를 송두리째 지배하는 일이 없도록 막아야 하겠습니다. 우리는 분연한 자세로 관대함과 공공선의 우선성을 가르치고, 더 나아가 그것들을 요구해야 하겠습니다. 우리는 평등을 가르쳐야 하며, 모든 이에 대한 존중을 가르쳐야 합니다. 구체적으로 외국인들, 특히 국경을 마주하고 있는 이웃 나라의 민중들과 가난한 이들, 그리고 보잘것없는 이들을 존중하도록 가르쳐야 합니다. 학교에서부터 모든 형태의 차별과 편견과 맞서 싸워 그것들을 몰아냅시다. 우리 가족과 기관이 가진 자원이 아주 희소하지만, 그 희소한 것을 가지고도 뭔가 나눌 수 있다는 것을 가르치고 배워야 하겠습니다. 형제자매적 연대가 모든 결정, 모든 언사, 모든 계획에서 드러나도록 해야 하겠습니다. 그렇게 함으로써 우리는 우리가 창조하고자 하는 또 다른 세계에 대한 아주 분명한 표징을 제시하게 됩니다. 우리가 제시하는 표징이 격론을 야기하고 그에 관해 논란이 많아진다 하더라도 필요하다면 그렇게 해야 할 것입니다.

식별 원칙 3: "좋은 의도들이 지옥으로 가는 길을 닦는다"

우리의 창조성에 방향성을 부여해줄 세 번째 식별 원칙은 바로 의도나 말만으로는 충분하지 않다는 것입니다. 다시 한 번 이야기하지만 아르헨티나 국기의 창안자였던 벨그라노의 행적을 보아도 이것을 잘 알 수 있습니다. 그는 항상 자기의 계획을 실현시킬 자원과 수단을 확보하려고 애썼습니다. 우리는 온 힘을 다해 노력하되, 효과적인 방법을 도모해야 합니다. 연대 및 대안적 사회에 대해 이야기하고, 학교와 개별화된 최신 교육의 중요성을 이론적으로 정리하는 일은 참으로 멋진 일입니다. 다만, 두 발을 땅에 확고히 딛고서 그렇게 해야 하겠습니다. 정보화 사회에 대한 말이 수없이 넘쳐나고 있습니다. 이제 지식은 세계의 제1원칙이라는 등 지식에 관해 수많은 말들이 쏟아져 나오고 있습니다. 하지만 "좋은 의도들이 지옥으로 가는 길을 닦습니다". 우리가 이미 살펴보았듯이 진정한 창조성은 목표, 가치, 의미를 등한시하지 않습니다. 그렇다고 해서 진정한 창조성이, 계획 실행에 수반되는 구체적 측면들을 도외시하는 것은 결코 아닙니다. 윤리가 없는 기술은 공허하고 비인간적입니다. 그것은 눈먼 사람이 다른 눈먼 사람을 안내하는 것이나 마찬가지입니다. 하지만 목표를 획득하기 위한 수단을 충분히 고려하지 않은 상태에서 목표만 제시하는 것은 단순한 망상에 불과하다는 지탄을 면하기 어렵습니다. 앞서 언급했듯이 유토피아는 여러 제약과 문제들의 '이전' 혹은 '외부'에 스스로를 위치시킬 수 있는 능력으로 말미암아 그에 필요한 자원을 동원할 수 있습니다. 그런 이유 때문에 유토피아에는 광기와 소외라는 측면이 담겨 있는 것입니다. 그러면서도 유토피아는 매력적인 비전을 실현하기 위해 직접 어떤 개입을 하지는 않습니다.

그렇기 때문에, 우리는 끊임없이 능력을 개발하고, 수단을 연마하고, 지식을 심화함으로써 현재의 순간을 창조적으로 마주해야 합니다. 우리가 차지한 이 제한적이면서도 유수한 터전에 미약하기 이를 데 없는 교육체계를 다시 세우고자 한다면, 훈련, 책임 및 전문성이 반드시 필요할 것입니다. 필요한 자원이 충족되지 않는다면 아무것도 이루어질 수 없습니다. 경제적 자원뿐 아니라 인적 자원도 필요합니다. 변변치 못한 사람들에게서 창조성을 기대하기는 어렵습니다. 그렇다고 해서 창조성이 전문가와 천재들의 전유물인 것도 아닙니다. 물론 꿈꾸는 이와 예언자들은 항상 필요합니다. 하지만 그것을 구체적으로 실현해낼 사람들이 없다면 전문가와 예언자들의 말은 그저 공허한 구호에 그칠 것입니다. 학교는 최전선에서 이와 같은 도전에 응답해야 합니다. 대화와 참여라는 역동성에 진입하여 새로운 문제를 새로운 방식으로 해결해야 합니다. 어떤 한 사람이 지식과 영감을 독점하는 경우는 없으며, 모든 사람이 각자 책임 있고 능력 있는 공헌을 하는 것이 제일 중요하다는 사실을 알아야 하겠습니다. 사회경제적 배제, 의미와 가치의 위기, 사회적 유대의 와해는 모든 이와 관련이 있는 현실입니다. 그리고 이 현실은, 독특한 방식으로, 우리 어린이들과 청소년들에게 영향을 미치고 있습니다. 엄습하는 위험들에 직면해서 아이들 및 청소년들과 함께하며 그들에게 힘을 실어줄 수 있는 효과적인 방법을 찾아 나서야 하겠습니다. 에이즈나 마약만이 문제가 아닙니다. 개인주의, 좌절감을 주는 소비주의, 기회의 결핍, 폭력과 절망의 유혹, 유대와 지평의 상실, 사랑할 수 있는 능력의 한계도 역시 문제가 됩니다. 우리는 이 문제들을 다룰 준비가 되어 있습니까? 신뢰할 만한 적절한 전문가 팀이 구성되어 있습니까? 우리는 체험, 지식, 제안들을 찾아 나서고 있습니까? 아니면 되든 안 되든 그냥 이미 알고 있는 것들에 안주하고 있습니까? 우리는 새로운 관계망을 구성할 준비가 되어 있습니까? 교구 차원에서 관대하고 개방적인 관계에 있습니까? 우리는 미래를 향해 열려 있으며, 또 보편적, 구체적인 연대를 향해 열려 있는 그리스도교적 신비주의를 기초로 삼고, 거기에 인간과 제도가 지닌 저력들을 더해 신중하고 관대하게 운영해야 합니다. 또 이미 가지고 있는 것에 안주하지 않으면서 우리의 기술과 능력을 더욱 완성하려고 노력해야 합니다. 그렇게 할 때 우리는 비로소 진정한 창의적 태도로 현재의 순간에 응답할 수 있습니다.

세 번째 제안: 학교 현장에서 주저하지 말고 가장 최선의 것을 추구합시다. 근시안적인 것을 떨쳐버립시다. 임시변통으로 덧대고 대충 넘어가려는 경향을 벗어던집시다. 그런 습관들은 너무나도 오랫동안 우리 공동체를 지배해왔습니다. 교사들, 사목자들 그리고 관리자들이 각 영역에서 아주 훌륭하고 진지하게 임할 수 있도록 주의를 기울입시다. 영성도 중요하지만 전문적 능력도 그에 못지않게 중요합니다. 물론 수월성은 경쟁적이며 비협조적인 양상을 띠는 가운데 드러나는 경우가 많습니다. 우리는 수월성이라는 신화에 미혹되어서가 아니라, 우리 공동체와 우리나라에 최선의 모습으로 기여하기 위해서, 가진 재능을 다 쏟아부어야 하겠습니다.

식별 원칙 4: "창조성과 전통: 튼튼한 기초 위에 짓기"

본래 창조성은 유토피아에 의해 길러지고, 연대에 뿌리를 두며, 가장 효과적인 수단을 찾아냅니다. 하지만 창조성이 병들고 왜곡되어서 최악의 나락으로 떨어지는 경우도 있습니다. 만사가 우리에게서 빚어진다는 헛된 믿음, 그 결함은, 우리가 앞서 살펴보았듯이, 급속하게 권위주의로 악화됩니다. 1810년으로 다시 되돌아가봅시다. 5월 혁명[16] 후 몇 달

---

16) 역주: 5월 혁명(The May Revolution, Revolución de Mayo)은 1810

이 지나고 나서, 벨그라노는 임무를 맡아 파라과이로 파병됩니다. 1년 뒤 그는 북방에 사는 스페인 왕당파 군벌들과 싸워야 하는 책무를 띠고 북부 사령부 사령관이 됩니다. 승전과 패전을 거듭하면서 그는 1814년까지 사령관직을 수행했고, 1814년에 그의 후임으로 산 마르틴 장군이 부임합니다. 지금 여기서 육군 사령관직을 맡은 이 변호사가 연대별로 어떤 군사작전을 펼쳤는지 설명하려는 것은 아닙니다. 대신 이 영웅의 태도를 보여주는 자세한 사실들을 눈여겨보고자 합니다. 그의 태도를 면밀히 살펴봄으로써 우리는 창조성에 대해 지금까지 우리가 성찰한 바를 더욱 확대시킬 수 있는 발판을 마련할 수 있을 것입니다. 벨그라노는 부하들로부터 인정과 사랑을 받는 지휘관이었습니다. 하지만 부대 내에서는 그를 경박스럽게 비웃는 비난들이 떠돌기도 했습니다. 그가 예의범절을 지나치게 따진다든지, 아니면 그가 심약한 성품을 가지고 있다든지 하는 이야기들이었습니다. 아쉬울 것 없는 상인의 아들로 태어나 부에노스아이레스와 스페인의 명문 학교에서 교육을 받고 늘 책과 지적인 노력에 몰두했던 이 사람이 군인들의 눈에는 다소 기이하게 비춰졌을 것입니

년 5월 18일부터 25일 사이에 당시 스페인 황실 총독부가 주재했던 아르헨티나 부에노스아이레스에서 일어났다. 혁명의 결과, 식민지 총독이었던 시스네로스(Baltasar Hidalgo de Cisneros)가 축출되고, 자치정부인 1차 훈타(Junta)가 수립되었다. 남미에서 일어난 독립혁명 가운데 최초로 성공한 혁명이다.

다. 이 비난의 상당 부분은 그의 겸손한 태도와 관련이 있었습니다. 이는 무엇보다 그가 여자, 술, 싸움, 도박 등을 철저히 삼갔으며, 군기를 잡는 행동에 있어서도 매우 조심했기 때문이었습니다. 벨그라노는 혁명의 기치를 들고 일어난 군사작전이라면 당연히 그 혁명 작전에 기운을 불어넣은 이상들의 정점에 있어야 한다고 생각했습니다. 그리스도교적 가치관에 기초를 둔 인간의 존엄성, 자유, 형제자매애의 이상들 말입니다. 이런 이유 때문에 벨그라노는 자기가 지휘하는 부대원들에게 성실성의 사표가 되어달라고 요구했으며 주둔하는 곳마다 현지 공동체를 존중할 것을 요구했습니다.

그는 특히 내륙 지방 시골 마을의 종교적 믿음에 물의를 끼치는 모든 행동들을 아주 엄격히 다스렸습니다. 지금의 볼리비아에 해당하는 알토 페루Alto Peru에 진군할 때, 벨그라노는 "마을의 관습, 풍습, 관심사 혹은 우려들은 모두 존중되어야 하며, 행동, 말, 몸짓으로 그것을 조롱하는 병사들은 모두 처형될 것이다"라는 명령을 선포했습니다.

벨그라노에게는 자신의 종교적 확신도 중요하게 작용했지만, 혁명의 의미 역시 중요하게 작용했습니다. 그리고 종국에는 그가 건설하고자 했던 국가의 의미 역시 중요하게 작용했습니다. 벨그라노는 자신의 후임으로 북부 사령관직에 부임한 산 마르틴에게 서신을 띄우면서 이렇게 적었습니다. "장군님은 전쟁에 임하되 무기로만 겨루지 말고, 대중의 의

견으로 겨루셔야 합니다. 그리스도교적 덕성과 종교적 덕성을 확고하게 지키셔야 합니다. 적들은 우리의 평판을 더럽히고, 우리를 이단으로 몰아붙입니다. 그들은 우리가 종교를 공격하고 있다고 우깁니다. 이런 방식으로 적들은 야만적인 사람들을 부추겨 무기를 들게 하고 있습니다. 사람들이 과장된 의견에 휘둘리지 않도록 해야 합니다. 적들은 자기가 밟고 지나는 이 지역을 제대로 알지 못합니다. 그들에게 사람들이 휘둘리지 않도록 해야 합니다." 군인이나 민간인 지도자들은 프랑스 혁명의 계몽적 사고방식의 전형이라고 할 수 있는 반가톨릭적 태도와 권고를 따랐습니다. 그리하여 과거 이 지역 주민들에게 심각한 물의를 일으켰던 적이 있었습니다. 그러므로 벨그라노가 산 마르틴에게 제시한 예방적 조처들은 적절했다고 볼 수 있습니다. 벨그라노는 지난 일들을 무분별하게 파괴하고 그 위에 어떤 것을 새로 짓는 것이 불가능하다는 것을 잘 알고 있었습니다. 그는 타자의 정체성과 가치를 인정하는 것을 출발점으로 삼아야 한다는 사실도 잘 알고 있었습니다.

변화와 연속성 사이에는 긴장이 있습니다. 그리고 바로 그 긴장 속에 창조성이 놓여 있습니다. 이제 우리는 창조성에 관한 논의를 마무리하고자 합니다. 창조적으로 된다는 것은 새로운 것을 향해 자신을 개방할 수 있는 능력과 관계가 있습니다. 그렇다고 해서 과거와의 연속성이라는 요소를 경시해도 된다는 뜻은 아닙니다. 앞서 말씀드린 바와 같이 오직 하느님만이 무에서 유를 창조하십니다. 아픈 사람을 치유할 때 우리는 그 사람 안에 있는 건강한 부분들에 기대어서 치유합니다. 그러지 않고서는 치유가 이루어지지 않습니다. 마찬가지로 우리가 새로운 것을 창조할 때에는 역사 속에서 그렇게 해야 합니다. 역사가 우리에게 제공하는 자료를 바탕으로 삼지 않고서는 새로운 것이 창조될 수 없습니다.

벨그라노는 민중의 정체성을 존중하고 긍정해야만 비로소 그 기초 위에 그가 꿈꾸었던 강력하고 일치된 아메리카가 건설될 수 있다고 생각했습니다. 지금 우리에게 주어진 현실의 능동적인 측면들을 수용하지 않을 때, 창조성은 순식간에 권위주의적인 강제로 변질되고 맙니다. 그것은 이 진리가 저 진리로 잔혹하게 대체되는 것에 지나지 않습니다. 우리는 보다 긍정적인 역동성을 가지고 앞으로 나아가는 데 있어 어려움을 겪고 있습니다. 현실의 능동적 측면을 수용하는 창조성, 그것이 이 어려움을 극복하는 열쇠가 되지 않겠습니까? 어떤 것을 새롭게 지으면서 그전에 다른 사람들이 해놓은 것을 무너뜨리고 짓밟으려고만 든다면, 어떻게 튼튼한 기초를 세울 수 있겠습니까? 증오의 씨앗들은 우리가 열심히 진력해왔던 일들을 언젠가는 좌초시킵니다. 어떻게 하면 새로운 증오의 씨앗들을 심는 일을 피할 수 있겠습니까?

이런 이유 때문에, 우리 교육자들이 더 정의롭고, 자유로

우며 형제자매애가 넘치는 사회의 씨앗을 심고자 한다면, 이 나라를 세운 분들, 우리 예술가들, 우리 사상가들, 우리 정치가들, 우리 교육자들, 우리 사목자들이 역사적으로 성취한 바들을 제대로 알아보는 방법을 배워야 합니다. 지금에서야 우리는 깨달았습니다. 잘 먹고 잘 살던 시절에 우리는 그저 장밋빛 색안경을 끼고 스스로 황홀해하고, 앞선 세대가 고통을 겪으며 어렵게 배운 몇 가지 확실한 진리들을 망각했습니다. 잘 살던 시기에 우리는 사회정의, 관대함, 세대 간의 연대, 인격의 존엄성을 지키는 노동, 사회의 기초로서의 가족과 같은 가치들을 잊고 있었습니다.

학교는 어린이와 청소년이 역사의 활력과 조우할 수 있는 공간이 되어야 합니다. 5월 25일이 되면 여러 학교에서 독립혁명기념 축제가 열립니다. 고풍스러운 전통의상을 입은 학생들이 옥수수와 우유로 만든 디저트인 마자모라mazamorra를 파는 모습을 흔히 볼 수 있습니다. 그런 식으로도 역사를 배우는 계기가 되겠지만, 그것보다는 현재를 구성하고 있는 훌륭한 판단 및 실수에 대해 성찰하는 법을 배워야 하겠습니다. 이는 우리 모두가 교육자로서 그 과정을 함께 성취해 나가야 한다는 것을 전제로 합니다. 여러 다양한 선택과 사고방식을 초월하는 공유된 기본 합의를 정교하게 이끌어내야 합니다. 이때 그 합의는 가장 낮은 공통분모로 주저앉아서는 안 되며, 그것을 토대로 지속적인 건설이 가능해야 합니다.

그렇게 함으로써 하나의 집단 정체성이 확정되고, 그 집단 정체성 속에서 각 구성원은 자아를 발견하게 됩니다.

이미 존재하는 것들을 토대로 새로운 것을 창조하려면, 교육의 대상인 우리 어린이들과 그들의 가족이 지닌 차이점들을 인정하고, 그들이 알고 있는 바를 인정하며, 더 나아가 그들이 지닌 한계까지 인정할 수 있어야 합니다. 우리는 교육이 결코 일방적인 과정이 될 수 없다는 점을 잘 알고 있습니다. 그런데 우리는 그렇게 아는 바대로 행하고 있습니까? 주로 가르침을 주는 입장에 있던 우리들은 기꺼이 가르침을 받을 준비가 되어 있습니까? 우리는 모두를 변화시킬 수도 있는 관계에 대한 책임을 떠안을 수 있습니까? 우리는 학생들, 이웃한 가정들, 그리고 민중들을 신뢰합니까? 여러분들에게 오늘 제가 말씀드리고자 하는 창의적 행동의 네 번째이자 마지막 식별 원칙은 바로 "강점에서 출발해서 뭔가를 세워나갈 수 있는" 능력입니다.

마지막 제안: 분연히 일어서서 학생들에게 인생의 본보기가 됩시다. 탈근대주의postmodernism는 모든 것을 희석시키면서 구체적인 윤리학이 제시하는 모든 제안들이 더 이상 쓸모없다고 선언하고 있습니다. 봉사, 정의를 위한 투쟁, 공동체를 위한 대승적 타협, 거룩함과 영웅적 행위를 위해 가치 있는 본보기를 제시하는 일이 이제는 쓸모없고 해롭기까지 한 구시대로의 회귀time tunnel처럼 여겨지고 있습니다. 이렇게

황폐해진 땅에서 생존 본능 외에 무엇이 남겠습니까? 여러분들이 잘 알고 또 많이 불러봤을 법한 노래 가운데 이런 가사가 있습니다. "누가 모든 일이 상실되었다고 말했나? 지금까지 수많은 사람들이 자기의 마음을 바쳤는데."[17] 수많은 사람들이 마음을 바친 일이 결코 헛되지 않았음을 자신 있게 증언합시다. "모든 일은 다 그게 그거고, 더 나은 것은 없다"라는 억압적 주장에 맞서서, 무언가 새로운 것이 가능하다는 명백한 징표들을 내세웁시다.

결 론

지금까지의 성찰을 통해 우리는 역사적 창조성에 관한 네 가지 가르침을 얻었습니다. 이 네 가지 가르침은 지금 이 시대에 반드시 적용될 필요가 있는 것들입니다. 네 가지 식별 원칙은 아래와 같습니다.

---

17) 역주: 아르헨티나 출신의 가수 피토 파에스(Fito Paez)의 대표곡으로, 애국심과 가난한 이들에 대한 연대정신이 담긴 노래다. 스페인어 노래 제목은 <Yo Vengo A Ofrecer Mi Corazón>이며 노래의 1절 가사는 아래와 같다:

Quien dijo que todo esta perdido 누군가 모든 것을 잃었다고 말했는가?
Yo vengo a ofrecer mi corazon 나는 내 마음을 주기 위해 오겠다.
Tanta sangre que se llevo el rio 강을 이루게 된 그 많은 피들
Yo vengo a ofrecer mi corazon. 나는 내 마음을 주기 위해 오겠다.

- 항상 어떤 것의 이면을 볼 수 있어야 합니다. "보이는 것이 다가 아닙니다."
- 항상 "한 사람, 한 사람과 모든 이들"을 배려해야 합니다.
- 항상 가장 적절하고 효과적인 수단을 찾아야 합니다. "좋은 의도들이 지옥으로 가는 길을 닦습니다."
- 긍정적인 가치와 성취들을 회복시켜 "튼튼한 기초 위에 새로운 것을 세워야 합니다".

앞서 언급된 것들을 실제로 구현하기 위한 방법으로 아래의 네 가지 제안을 했습니다.

- 항상 진실을 말하십시오.
- 모든 것을 걸고 형제자매적 연대를 지켜내십시오.
- 우리의 능력을 끊임없이 계발하십시오.
- 증거자가 되어 구체적인 삶의 모범이 되십시오.

예수님께서 오천 명을 먹이신 기적을 행하셨을 때처럼, 우리의 빵과 물고기도 크게 늘어날 수 있습니다(마태 14,17~20). 예수님께서 제자들에게 가르치셨듯이, 우리가 내어놓은 미약한 것들은 다른 어떤 것보다 소중하고 커다란 가치를 갖습니다(루카 21,1~4). 성경의 비유에서처럼, 우리가 뿌린 작은 씨앗들이 자라서 큰 나무가 되고 거기에서 추수할 수확도 열리게 될 것입니다(마태 13,23.31~32). 이 모든 것은, 빵과 포도주가 거룩한 변화를 일으키는 미사성제, 그 생명의 샘으로부터 흘러나와 우리에게 영원한 생명을 줍니다. 우리에게는 지금 크고 어려운 과업이 주어져 있습니다. 부활하신 그분에 대한 믿음이 있기에 우리는 창조성과 희망을 가지고 이 과업에 정면으로 맞설 수 있습니다. 카나의 혼인 잔치 때 예수님의 첫 번째 기적을 목격한 일꾼들은 깜짝 놀랐습니다. 그들은 "무엇이든지 그가 시키는 대로 하여라"(요한 2,5)라는 여인의 지시를 따름으로써 이 놀라운 기적의 협력자가 되었습니다. 우리도 카나 혼인 잔치 때의 일꾼들처럼 되어야 하겠습니다. 창조성과 희망은 '삶'을 자라게 합니다. 이 모든 것을 종합하면서 올해에 여러분들에게 아주 힘차게 말씀드리고 싶습니다. 교육을 한다는 것은 삶을 살리는 것입니다. 요한 바오로 2세의 회칙인 「생명의 복음」*Evangelium Vitae*에 나오는 기도문으로 성모님께 이것을 함께 청합시다.

오 마리아님,
새 세상의 빛나는 새벽이시며
살아 있는 이들의 어머니!
생명의 모든 원리를 당신께 맡겨드리나이다.
굽어보소서, 성모님!
세상에 태어나지 못한 수많은 아기들을 굽어보소서.

힘든 삶을 살아가는 불쌍한 이들을 굽어보소서.
무지한 폭력의 제물이 되고 있는 남녀들을 굽어보소서.
무관심이나 그릇된 자비로 죽어가고 있는
노인과 병자들을 굽어보소서.
당신 아드님을 믿는 모든 사람이 정직과 사랑으로
이 시대 사람들에게 생명의 복음을
선포할 수 있게 해주소서.
영원히 새로운 선물로 그 복음을 받아들일 수 있는
은총을 얻어주소서.
일생 감사하는 마음으로 그 복음을 경축하는
기쁨을 얻어주소서.
그리고 그 복음을 단호하게 증언할 수 있는
용기를 얻어주소서.
그리하여 선한 의지를 가진 모든 사람과 함께
창조주이시며 생명을 사랑하시는 하느님께
찬미와 영광을 드리는
진리와 사랑의 문화를 건설할 수 있게 해주소서.

2003년 사순 시기에
부에노스아이레스에서

혼자서 또는 여럿이서 함께하는 성찰

✔ 묵상해봅시다

유토피아를 "위안을 주는 환상이나, 상상이 낳은 소외가 아니라, 구체적인 역사적 상황 속에서 취한 희망의 한 형태"라고 전제하고 아래 질문에 대해 성찰해봅시다.

혼자서 하는 묵상

- 내 희망의 바탕은 무엇입니까?
- 나는 인생의 어떤 순간에 희망이 필요하다는 것을 체험했습니까?
- 희망 안에서 살기 위해 본보기로 삼을 만한 사람이 있었습니까?

여럿이서 함께하는 묵상

- 신뢰, 관용 그리고 연대라는 기준을 놓고 볼 때 우리 사회는 지난 10년간 어떤 진보를 이루었습니까?
- 유토피아의 특징들 가운데 희망을 북돋아주는 것은 무엇입니까?

• 우리 사회에 미래 사회 건설의 기초가 될 만한 긍정적인 요소들은 무엇이 있습니까?

✔ 읽어봅시다

"여러분은 지금이 어떤 때인지 알고 있습니다. 여러분이 잠에서 깨어날 시간이 이미 되었습니다. 이제 우리가 처음 믿을 때보다 우리의 구원이 더 가까워졌기 때문입니다. 밤이 물러가고 낮이 가까이 왔습니다. 그러니 어둠의 행실을 벗어 버리고 빛의 갑옷을 입읍시다"(로마 13,11~12).

✔ 생각해봅시다

"교회는 자녀들이 새로운 생명으로 거듭나는 것을 온전히 인식할 수 있도록 그 의무를 다한다. 가톨릭 학교는 시대의 문화적 조건을 받아들이면서 나름의 정체성을 찾는데, 이는 바로 믿는 이들의 마음과 삶 속에 뿌리 내리는 그리스도의 복음 안에서 이루어진다"(『가톨릭 학교』, 9항).

✔ 우리의 과업을 살펴봅시다

베르골리오 추기경님은 우리가 교육자로서 따라야 할 분명한 행동 방향의 줄기로 네 가지를 제시했습니다. 관련 본문을 다시 읽어보도록 합시다.

1. 창조적으로 된다는 것은, '이것만이 우리가 할 수 있는 유일한 대안'이라고 주창하는 것이 아니라, 항상 새로운 지평이 있다는 것을 긍정하는 것입니다. 우리가 2세기 전의 어떤 고위 관료[18]로부터 닮고자 하는 것은 단순하고 어리석은 낙관주의가 아닙니다.

"보이는 것이 다가 아니다"라는 긍정은 부활하신 그리스도에 대한 신앙에서 직접적으로 파생됩니다. 그리스도의 부활이라는 이 결정적이며 획기적인 사건은 모든 다른 성취를 잠정적이며 미완의 것으로 선언합니다. 이 획기적인 사건을 통해 지금 현재와 새 하늘과 새 땅의 출현 사이에 놓인 거리를 가늠할 수 있는 것입니다. 오직 희망과 적극적인 희망의 실천만이 그 거리를 극복할 수 있습니다. 이를 위해서는 모든 기만적인 완성이 거짓임을 판명하고, 새로운 지평과 대안을 열 수 있는 창조성이 있어야 합니다.

- 우리 교육기관을 혁신하는 것은 불가능하다고 여기며 체념하려는 유혹이 있습니다. 우리는 그 유혹에 어떻게 맞설 수 있겠습니까?
- 우리의 기준 자체가 침체되고 있음을 나타내는 징후들은 무엇이 있습니까?
- 우리 교육기관이 창조성을 발휘했던 순간들이 있었다면,

18) 벨그라노를 지칭한다.

그것은 어떤 상황에서였습니까?

2. 모든 그리스도교 교육의 본질적 사명은 전적으로 포용에 투신하는 것이며 포용을 위해 일하는 것입니다. 가장 소외된 사람들에게 교육을 제공하는 것이야말로 교회의 오랜 실천이 아니었습니까? 가톨릭 학교들은 '형제자매적 연대'라는 명확한 기준에 따라 운영되어야 합니다. '형제자매적 연대'라는 이 기준은 학교의 모든 차원과 활동에 뚜렷하게 새겨져 있어야만 합니다. 그리고 제가 꼭 당부하고 싶은 것은 이 형제자매적 연대가 그리스도인 교사 한 사람, 한 사람에게도 역시 뚜렷하게 새겨져 있어야 한다는 점입니다.

- 우리는 늘 우리 기관 안에서 봉사와 포용의 소명에 따라 살아왔습니까?
- 우리는 어떻게 하면 우리 교육공동체 안에서 포용의 정신을 보여줄 수 있겠습니까?
- 아래 각 관계의 형제자매적 연대에 관해 사람들은 대체로 어떻게 인식하고 있습니까?

  - 교육기관들 사이의 관계
  - 교사들 사이의 관계
  - 학생들 사이의 관계

- 교사와 학생 사이의 관계

3. 학교는 최전선에서 이와 같은 도전에 응답해야 합니다. 대화와 참여라는 역동성에 진입하여 새로운 문제를 새로운 방식으로 해결해야 합니다. 어떤 한 사람이 지식과 영감을 독점하는 경우는 없으며, 모든 사람이 각자 책임 있고 능력 있는 공헌을 해주는 것이 제일 중요하다는 사실을 알아야 하겠습니다. 근시안적인 것을 떨쳐버립시다. 임시변통으로 덧대고 대충 넘어가려는 경향을 벗어던집시다. 그런 습관들이 너무나도 오랫동안 우리 공동체를 지배해왔습니다. 교사들, 사목자들 그리고 관리자들이 각 영역에서 아주 훌륭하고 진지하게 임할 수 있도록 주의를 기울입시다.

- 우리 기관에서 우리가 직면해야 할 새로운 문제들은 무엇입니까?
- 우리가 인간적, 전문적으로 발전함에 있어서 침체를 피하려면 무엇을 해야 하겠습니까?
- 우리는 경험, 지식, 제안을 찾아 나섭니까? 아니면 되든 안 되든 이미 우리가 알고 있는 바에 안주하려는 경향이 있습니까?

4. 창조적이 된다는 것은 새로운 것을 향해 자신을 개방할

수 있는 능력과 관계가 있습니다. 그렇다고 해서 과거와의 연속성이라는 요소를 경시해도 된다는 뜻은 아닙니다. 앞서 말씀드린 바와 같이 오직 하느님만이 무에서 유를 창조하십니다. 지금 우리에게 주어진 현실의 능동적 측면들을 수용하지 않을 때, 창조성은 순식간에 권위주의적인 강제로 변질되고 맙니다. 그것은 이 진리가 저 진리로 잔혹하게 대체되는 것에 지나지 않습니다. 어떤 것을 새롭게 지으면서 그전에 다른 사람들이 해놓은 것을 무너뜨리고 짓밟으려고만 든다면, 어떻게 튼튼한 기초를 세울 수 있겠습니까? 증오의 씨앗들은 우리가 열심히 진력해왔던 일들을 언젠가는 좌초시킵니다. 어떻게 하면 새로운 증오의 씨앗들을 심는 일을 피할 수 있겠습니까?

- 실제로 우리 교사들은 가르침을 주는 것이 아니라 가르침을 받을 준비가 되어 있습니까?
- 우리는 우리를 완전히 변화시킬 수도 있는 관계를 수용할 능력이 있습니까?
- 어떻게 하면 우리가 지닌 강점을 토대로 삼아 새로운 것을 세울 수 있는 능력을 계발할 수 있겠습니까?

✔ 기도합시다

주님,

좋은 선생님이라고 칭송받기보다는,
참으로 좋은 선생님이 되는 데 힘쓰게 하소서.
당신에 관해 이야기하는 사람이 되기보다는
당신을 드러내는 사람이 되는 데 힘쓰게 해주소서.
하느님 얘기를 늘어놓는 사람이 아니라,
사랑과 인간의 섬김에 대해 떠드는 사람이 아니라,
그 안에 깃든 영혼이 되도록 힘쓰게 해주소서.
예수님의 이상에 관해 이야기하는 사람이 아니라,
저의 모든 가르침의 행위에서 그분의 이상이 드러나도록 하는 그런 사람이 되게 해주소서.

:: 웰리스 그란트 피스크Wallace Grant Fisk[19]

---

19) 역주: 웰리스 그란트 피스크(1908~2000)는 미국 매사추세츠주 출신의 개신교 목사로, 브래드포드 대학(Bradford College)에서 철학과 종교를 가르쳤으며, 여러 학교와 대학 및 사회단체에서 강의했다. 젊은이, 정신지체 장애인, 종교 간 대화, 인종 간 대화를 위한 다양한 활동을 펼쳤다. 2차 세계대전 때 공군 군종장교로 참전하였으며, 한국전쟁에 육군으로 참전하기도 하였다. 전후 목회자 겸 평화운동가로 활동하였다.

제 2 장

교육하는 나라

예수, 하느님의 육화된 지혜

사랑하는 교육자 여러분,

새삼스러운 얘기지만 우리는 지금 힘든 시기를 살고 있습니다. 여러분들은 매일 교실에서 뚜렷하게 그것을 체감하고 있기 때문에 누구보다 잘 알고 계실 것입니다. 여러분은 자신의 힘이 턱없이 부족하다고 느낄 것입니다. 사람들을 짓누르는 극심한 고통 그리고 그들이 여러분에게 거는 기대를 한꺼번에 감당하기가 버거울 것입니다. 올해 편지의 초점은 여러분들이 받은 소명이 얼마나 위대한 것인지 재발견할 수 있도록 하는 데에 있습니다. 하느님의 육화된 지혜이신 예수님을 바라볼 때, 우리는 어려운 문제들이 우리에게 하나의 도전이 된다는 사실을 깨닫습니다. 이 도전은 희망을 낳고, 행복을 낳습니다. 우리 자신이 바로 새로움을 설계하는 건축가임을 자각할 때, 거기서 행복감이 샘솟습니다. 나아가 이 모든 것들은 최선의 노력을 다 쏟아붓지 않으면 안 되겠다는 강한 사명감을 우리에게 일으킵니다.

오늘 제가 여러분들과 나누고자 하는 이야기는 바로 이것입니다. 우리 그리스도인들은 이 나라를 위해 구체적인 공헌을 해야 합니다. 그리고 교육자인 여러분들이 이 당면한 변화의 주창자가 되어야 합니다. 저는 여러분들을 이 사명에 초대하고자 합니다. 이 사명에 관한 한 저는 여러분들에게 무한한 신뢰를 보냅니다. 그리고 저 자신도 여러분들의 목자로서 여러분들을 돕겠습니다.

지난 1년 동안 우리 아르헨티나 사람들은 자주 "희망을 되찾았다"라고 말했습니다. 물론, 그 말이 명시적으로 종교적 특성을 띠는 것은 아닙니다. 하지만 그렇다 하더라도 그것이 질적으로 차원이 다른 미래를 여는 진정한 희망인지 아니면 예전처럼 또 다시 우리 자신을 기만하려는 것인지는 좀 더 예의주시해야 할 것입니다. 어떤 경우든, 우리는 이 같은 분위기의 전환을 몇몇 성찰을 위한 새로운 출발점으로 삼고자 합니다. 여기서 우리의 주된 관심사는 우리 교육자들의 과업을 뒷받침해주고 정당화해주는 가치의 문제입니다. 그 가치의 문제에 집중하면서, 저는 공동체의 재건reconstruction이라는 하나의 흥미로운 시나리오를 상정해보려고 합니다. 그리고 그 시나리오 속에 우리를 넣어볼 것을 제안하고자 합니다.

최근 몇 년 동안 아르헨티나에서 벌어진 모든 상황으로 인해, 우리는 믿음과 가치의 위기라는 '근본적인' 문제를 인식하게 되었습니다. 모든 문제 인식이 그러하듯이 이 문제 인식 역시 우리로 하여금 해결책을 찾아 나서도록 하는 도전이 됩니다. 여기서 '재건'이라는 개념은 단순한 은유를 넘어섭니다. 이는 아무것도 배우지 않은 듯 과거의 상태로 '되돌아간다'는 의미는 아닙니다. 또 그렇다고 해서 치명적인 악, 예컨대 우리의 집단 양심에 생긴 종양 같은 것을 제거한다는 뜻도 아닙니다. 재건을 종양 제거로 정의한다면, 옛날에는 사회적 유기체가 완벽하게 건강했는데 지금은 그렇지 못하다고 상정하는 것인데 우리가 뜻하는 재건은 그런 것이 아닙니다. 우리가 '재건'이라는 표현을 쓰는 이유는 역사적인 요소들을 뛰어넘거나 우회하는 것이 불가능하다고 보기 때문입니다. 여기서 '재건'이 의미하는 바는 목표, 바람, 이상을 최우선으로 삼으면서 그 목표, 바람, 이상을 향한 우리의 행동을 방향 짓는 새롭고 보다 효과적인 방식들을 찾아내는 것입니다. 여러 노력을 조율하면서 다 함께 꾸준히 진보의 여정에 참여할 수 있는 현실을 일반화하는 것을 말합니다.

교육은 공동체 의식의 재건을 위한 주요 기둥 가운데 하나입니다. 이 사실을 모르는 사람은 없을 것입니다. 아울러 교육은 경제, 정치와 같은 여타의 근본 영역들과 불가분의 관계에 있습니다. 우리가 겪은 위기를 진단해본 결과, 우선 비전이 결여된 거시경제에 패착이 있었습니다. 만약 그것이 아니라면 왜곡된 비전으로 국가 공동체를 좌지우지했던 데에 패착이 있었습니다. 뿐만 아니라 정치적, 경제적 그리고 더 심원하게는 도덕적 수준에 패착이 있었습니다. 이 진단이 정확한 것이라면 우리가 해야 할 과업은 일련의 급속한 수정에 있다기보다는 긴 시간에 걸쳐 씨앗을 뿌리는 데에 있을 것입니다. 이런 이유 때문에 교육을 우선시하지 않는 그 어떤 프로젝트도 결국은 "거기서 거기일 것이다"라고 제가 확언한다고 해도 결코 과장이 아닐 것입니다.

우리는 지금 그리스도교 교육자로서 국가 공동체를 재건하는 데 기여해야 할 도전을 마주하고 있습니다. 최소한 우리는 무엇을 우선으로 판단해야 할지 차례차례 식별해야 할 것입니다. 우리가 쏟아붓는 노력이 결실을 맺느냐 못 맺느냐의 여부는 '주관적인' 조건, 곧 우리가 이끌어내는 헌신, 관대함, 투신의 정도에 달려 있기도 하고, 또 우리의 판단과 행동이 얼마나 '객관적으로' 정확한가에도 달려 있습니다.

이해하고, 해석하며, 식별하는 것은 모든 책임 있고 일관된 행동의 필수불가결한 과정이며 모든 희망의 길이 거쳐야 할 과정입니다. 그리스도인으로서 우리는 출발 지점을 잘 찾아야 하며, 그 자체로 등불이요 안내자 역할을 해줄 참고 자료가 있어야 합니다. 우리는 눈을 가리고 걷는 것이 아닙니다. 일단 한번 해보고 틀리면 다시 해보지의 식으로 의미를 찾아 길을 더듬어가는 그런 것이 아닙니다.

그리스도교적 식별을 그리스도교적 식별이라고 하는 까닭은 그 식별의 중심 지점에 하느님의 지혜이신 예수 그리스도가 자리하고 있기 때문입니다(1코린 1,24~30). 우리가 가는 길을 이해하고, 거기에 의미를 부여하며, 그 길을 아는 것이 그리스도교적 식별이라고 할 때, 우리에게는 메마르지 않는 원천이 있습니다. 육신을 취하셔서 사람이 되시고 역사가 되신 하느님의 지혜가 바로 그 메마르지 않는 원천입니다. 그리하여 우리는 깨달음, 영감, 힘을 찾아 끊임없이 그분께 되돌아가야 하겠습니다.

우리의 토대: 그리스도, 하느님의 지혜

지혜의 세 가지 측면

지혜에 관해 이야기한다는 것은 어떤 의미가 있겠습니까? 우선, 그것은 분명히 지식의 위계the order of knowledge와 관련된 문제임에는 틀림없습니다. 그것은 '안다'to know라는 말이 지닌 일차적인 의미로서 '숙지하고'to be acquainted with, '이해하는'to understand 것입니다. 현명해진다는 것 또는 지혜롭게 산다는 것은 여러 가지 의미를 담고 있지만 거기에서 '지적인'intellectual 측면을 떼어놓을 수는 없습니다. 교육자로서 우리 민중의 지혜에 봉사한다는 것은 상당 부분 인지적 위계의 성장에 봉사하는 것이라고 할 수 있습니다. 오늘날 우리는 지혜의 실존적, 정서적affective, 관계적, 태도적 측면들을 모두 염두에 두고 있습니다. 하지만 지적인 측면이라는 튼튼한 밑천이 없다면 나머지 측면들도 성취할 수 없습니다. 바로 이런 점에서 우리는 아마도 계몽주의나 백과전서파[20]

20) 역주: 백과전서파는 『백과전서』를 지은 18세기 프랑스의 일련의 지식

에 뿌리를 두었다고 여겨지는 아르헨티나 교육의 기원과 바탕이 어느 정도 일리가 있을 수 있다는 사실을 인정해야 합니다. 더 많이 아는 사람, 스스로 배울 줄 알고, 평가하고 성찰할 줄 아는 능력을 갖춘 사람, 새로운 생각을 받아들이고 기존의 생각과 연계해 새로운 의미를 창출할 줄 아는 사람은 노동과 성취라는 사회생활의 영역에서 길을 개척해 나갈 소중한 수단을 손에 쥐고 있는 것입니다. 뿐만 아니라 그런 사람은 한 인격으로서 발전하고 더욱 선한 존재로 성장함에 있어서도 매우 소중한 요소를 지녔다고 볼 수 있습니다.

교회는 지금까지 교육에 있어서 순수하게 종교적 활동만 중시한 것이 아니라 지적인 활동 역시 중요하게 여겨왔는데, 그것은 허사가 아니었습니다. 할머니들이 흔히 말하듯 "지식은 자리를 차지하지 않습니다".[21] 오히려 지식은 인간 발전

인 그룹을 말한다. 많은 집필진(유명인으로서는 볼테르, 몽테스키외, 루소, 케네 등이 있다)의 협력을 얻어 1751년 제1권을 출판하였으나, 이성을 주장하고, 교회와 절대 왕정에 대한 비판이 강하였기 때문에 1759년에 발행금지를 당했다. 그러나 이후 디드로(18세기 프랑스의 유물론을 대표하는 철학자의 한 사람)는 혼자의 힘으로 1772년까지 본문(本文) 19권, 도표(圖表) 11권의 대사전을 완성하였다. 이 『백과전서』는 여러 사상가들이 집필하였기 때문에 전체로서의 사상적 통일은 결여되어 있으나 계몽사상의 발전, 특히 프랑스 혁명의 사상적 준비라는 점에서 역할을 했음은 부정할 수 없다.

21) 역주: 영문판에는 "Knowledge is not only portable"이라고 되어 있는데, 스페인어 원본에는 "El saber no ocupa lugar"(지식은 자리를 차지하지 않는다)라는 스페인 속담 표현으로 되어 있다. 이 속담은 문맥에 따라 다양한 의미로 해석되는데, 배움에는 끝이 없으며 늘 새로운 것을 배울 여지가 있다는 뜻으로 쓰인다.

을 위해 공간을 열어주며, 수없이 많은 자리를 만들어줍니다.

우리는 지금 이 묵상의 첫머리 지점에 있지만, 교육공동체의 성찰과 대화를 구체적으로 어디서부터 시작해야 할지 이미 잘 알고 있습니다. 마땅히 우리는 공동체 생활에 방점을 두어야 합니다. 환대와 안정을 도모할 능력을 증폭시켜야 합니다. 기쁨과 사랑이 넘치는 인간적 유대와 환경을 조성하여, 그 속에서 우리 어린이들과 젊은이들이 성장과 결실을 이뤄낼 수 있어야 합니다. 그래야만 비로소 우리가 교육자로서 잘 살아가고 있다고 할 수 있겠습니다. 그런데 많은 경우 이 같은 기본적 공헌들은, 보다 거칠고, 보다 성취에 매달리며, 보다 경쟁적이고, 보다 개인주의적인 사회에서 거부되고 부인을 당합니다. 사실, 이러한 기본적 공헌들은 지성을 기르고 양성하는 일 없이는 절대로 이루어질 수 없습니다. 사람들은 요즘 '수월성'excellence이라는 말을 자주 씁니다. 이 말은 종종 모호한 의미로 사용되기도 하는데, 이에 대해서는 나중에 다시 논의하도록 하겠습니다. '수월성'이라는 말에 담겨 있는 여러 의미들 가운데서, "모든 종류의 지식을 전달하고 창출하는 일에 진지하게 매진해야 할 준엄한 명령"이라는 의미만큼은 반드시 살려야 하겠습니다. 우리가 이른바 "수월성 교육"을 하고자 할 때에는 반드시 그와 같은 견지의 수월성을 지향해야 하겠습니다.

그런데 오로지 지식만으로는 지혜를 이룰 수 없습니다.

'알다'라는 뜻의 스페인어 표현인 'saber'는 '음미하다'라는 뜻이기도 합니다. 스페인어에서는 '지식을 알다'라고 할 때에도 'saber'를 쓰고, '맛을 음미하다'라고 할 때도 'saber'를 씁니다. 이는 우리가 지금까지 논의한 바에 '정의적' 측면과 '미학적' 측면을 보탭니다. 우리는 아는 데에만 그치지 않고, 우리가 아는 것, 곧 음미하는 것을 사랑해야 합니다. 그 경우 교육한다는 것은 지식을 제공하는 것보다 훨씬 더 많은 것을 의미하게 될 것입니다. 즉, 교육한다는 것은 우리 어린이들과 젊은이들이 지식을 평가하고 명상하도록 도우며, 지식을 체화하도록 돕는 것으로 그 의미가 확대됩니다. 이를 위해서는 지성의 작용뿐 아니라 의지의 작용까지 이루어져야 합니다. 우리는 세계 내에 인간 존재 양식의 궁극적 종합으로서 인격적 자유를 상정합니다. 하지만 이 인격적 자유는 무한한 자유가 아닙니다. 사실, 무한한 자유 같은 것은 존재하지 않습니다. 그것은 안도감, 기쁨, 그리고 사랑을 주고받는 체험으로 인해 풍요로워지는 자유입니다. 제가 말씀드리고 싶은 것은 단순히 어린이들이 배우기 위해 학교에 가는 걸 좋아할 수 있게 만들어야 된다는 그런 취지의 이야기가 아닙니다. 음미savoring하는 차원에서 지혜를 찾는 것이 단순한 동기motivation의 문제로 축소되어서는 안 될 것입니다. 물론 음미하는 지혜에는 당연히 동기가 포함되어 있습니다. 하지만 그렇다고 음미하는 지혜를 단순한 동기로 환원해서는 안 된다는 것입니다. 음미하는 지혜는 말의 기쁨, 주고받음의 기쁨, 경청과 나눔의 기쁨을 느낄 수 있는 것을 말합니다. 우리를 둘러싸고 있는 세계를 이해하고 그 세계와 우리를 일치시키는 유대를 이해하는 기쁨을 느낄 줄 아는 것, 그리고 창조의 신비와 그 창조의 최고 절정인 인간에 대해 경탄할 줄 아는 것을 말합니다. 이 문제들에 대해서는 추후에 다시 살펴보기로 하겠습니다. 지금 여기서 우리가 주목해야 할 사실은 바로 이것입니다. 우리에게 맡겨진 교육적 과업은 바로 세계와 사회가 우리의 고향이라는 정서를 일깨우는 것입니다. 다시 말해, 세계와 사회를 내 집처럼 편안한 삶의 터전으로 여기도록 교육하는 것입니다. 이는 인간됨을 향해 나아가는 데에 있어, 그리고 우리 자신이 하느님의 자녀라는 사실을 인식하는 데에 있어 반드시 거쳐야 할 경로입니다.

앞서 다룬 지혜의 첫 번째 측면(지성적 측면)과 두 번째 측면(음미의 측면)에 이어서 이제는 세 번째 측면(실제적 측면)을 함께 살펴봅시다. 지혜로운 사람이란 어떤 것들을 잘 알고, 그것들을 곱씹어보고 사랑할 뿐 아니라, 자기 자신을 그것들과 성공적으로 통합시킬 줄 아는 사람을 말합니다. 이 통합은 어떤 한 줄기로의 방향 설정, 그리고 수많은 구체적이고 일상적인 선택을 통해 이루어집니다. 어떤 것에 충실하기 위해서는 그렇게 어떤 한 줄기로 방향을 설정하고, 그에 따른 수많은 구체적이고도 일상적인 선택을 내리는 과정이 필요합니다. 다시 말해, 통합이란 그 두 개의 측면, 곧 어떤 큰 방향의 설정과 수많은 구체적이고 일상적인 선택을 하나로 융합시키는 실제적 측면practical aspect입니다. 이러한 차원은 성경의 지혜서가 담고 있는 지혜의 옛 의미와도 일치합니다. 지혜서가 말하고 있는 지혜는, 신중하고 숙련된 노동을 통해 존재론적 충만과 행복이라는 결실을 얻을 수 있도록 삶에서 자기 스스로를 방향지울 수 있는 능력을 가리킵니다. 이는 무엇이 '가치 있는' 것이며 무엇이 가치 없는 것인지 구분할 줄 아는 윤리적 지혜이며, 인간의 가능성을 억누르거나 방해하지 않으며 오히려 그것을 최대치로 펼치고 발전시키는 것입니다. 도덕적 지식은 비도덕immoral에 반대할 뿐 아니라 마찬가지로 탈도덕demoralized에도 반대합니다. 실제적 측면의 지혜는 또한 '그것을 어떻게 해내야 할지' 아는 것이기도 합니다. 실제적 지식은 목적하고만 상관이 있는 것이 아닙니다. 실제적 지식은 좋은 의도들이라는 덫에 갇히지 않기 위해 가용한 수단을 활용하는 것에도 연관됩니다. 솔로몬 왕이 자기 백성들을 다스릴 수 있도록 하느님께 청한 은총이 바로 이 세 번째 차원의 지혜입니다(참조: 지혜 9,1~11).

우리는 지혜의 학교를 바랍니다. 우리 어린이들과 젊은이들이 온전한 발전을 위해 무엇이든지 체험하고, 삶의 계획 추진에 꼭 필요한 기술들을 익힐 수 있는 존재론적, 윤리적, 사회적 실험의 장이 될 수 있는 학교를 바랍니다. 그곳에서 지혜로운 선생님들이, 곧 자신의 일상 및 다른 사람에게 미치는 영향을 통해 바람직한 삶의 모범을 몸소 살아내는 사람들이, 이제 막 인생 여정을 시작한 젊은이들에게 도움을 주는 환경과 자원을 제공하길 바랍니다. 그 환경과 자원 덕분에 우리 어린이와 청소년들이 그릇되고 파괴적인 선택들을 피할 수 있게 되기를 바랍니다. 그들이 인생 여정을 지나오면서 앞선 세대가 받은 어떤 고통들을 '처음부터 다시' 겪는 일이 없기를 바랍니다.

지식, 평가, 실천을 품은 지혜의 증진이야말로 모든 교육적 임무들 가운데 가장 먼저 실천할 가치가 있는 이상입니다. 누구든지 지혜의 증진에 힘써 공동체에 기여할 수 있다면 그 사람은 공공의 행복에 막대한 기여를 하는 것입니다. 앞서 말씀드린 바와 같이, 우리 그리스도인들은 그리스도 안에서 지혜의 시작과 완성을 만납니다. 지혜의 시작과 완성이신 그리스도를 성전[22]에 가둬두려 해서는 안 됩니다. 우리 주님께서 권고하시는 복음화는, 태초부터 모든 시대의 모든 사람들을 위해 마련해놓은 지혜를 나누는 것입니다. 그러므로 우리는 담대하게 복음 선포의 열정을 새롭게 하도록 합시다. 극심한 혼란으로 인해 심원한 추구들이 잠잠해져버리고 말았습니다. 이 심원한 추구들을 감싸 안는 복음화를 다시금

---

22) 역주: 원문에는 '고해소'라고 되어 있지만 내용 파악을 쉽게 하기 위해 의역하였다.

새롭게 제안합시다. 복음화를 매일 실천함으로써 그것이 모든 이에게 닿을 수 있도록 노력합시다.

반석 위에 세우기

그리스도인으로서 우리는 앞서 언급한 새로운 복음화를 굳게 확신합니다. 하지만 우리에게 맡겨진 이 '급진적 새로움'을 이해하기 위해서는 더 많은 식별을 수행해야 합니다. 우리는 이 나라에 살면서 역사적 실패들, 믿기 힘들만큼 끔찍한 사건과 일탈들을 겪었습니다. 그런데, 모든 것을 정리해보면, 그런 일을 저지른 사람들은 바로 우리와 같은 신앙을 고백하고 같은 종교 전통을 따르는 우리 형제들인 경우가 많았습니다. 예수 그리스도의 이름을 선포한다고 해서 오류나 해악을 피할 수 있는 것은 아닙니다. 예수님 당신께서도 이렇게 말씀하셨습니다. "나에게 '주님, 주님!' 한다고 모두 하늘 나라에 들어가는 것이 아니다. 하늘에 계신 내 아버지의 뜻을 실행하는 이라야 들어간다"(마태 7,21~23). 이것은 나쁜 의도를 가졌다든지 "양의 탈을 쓴 늑대"라든지 하는 문제가 아닙니다. "모든 것을 정리해보니, 악인들은 애초 우리와 뼛속부터 다른 종자였어"라고 말하면 이 문제가 쉽게 이해되는 것처럼 보입니다. 그런데 그렇게 되면 우리는 그저 피상적으로만 안도하게 될 뿐이며, 우리가 지닌 믿음과 실천의 깊이와 견고함에 대해 자문해볼 수 있는 기회들을 놓치고 맙니다.

좀 전에 살펴보았던 주님의 말씀을 계속 눈여겨보겠습니다. 이어지는 성경 구절에서 예수님은 반석 위에 집을 짓는 슬기로운 사람의 비유를 들면서 당신의 가르침을 이어갑니다. "비가 내려 강물이 밀려오고 바람이 불어 그 집에 들이쳤지만 무너지지 않았다. 반석 위에 세워졌기 때문이다"(마태 7,25). 비, 강물, 바람과 같은 이미지들 때문에 마치 이 건축물이 그저 견디기만 하는 수동적인 인상을 줄 수도 있겠습니다. 세상의 온갖 역경들 한복판에서 자기의 신앙과 신념을 지키며 견디는 이미지로 비춰질 수 있을 것입니다. 그런데 예수님께서 바로 앞 장면에서 "주님! 주님!" 하는 것만으로는 충분하지 않다고 말씀하신 것이 이 비유와 직접적으로 연관되는 점을 살펴본다면, 우리는 이 비유를 전혀 다른 입장에서 이해하게 될 것입니다. 이 비유는 그저 버티는 것 이상을 의미합니다. 사실 이 비유는 "하늘에 계신 내 아버지의 뜻"(마태 7,21)을 실행하느냐의 문제입니다. 혹은 "스승이신 예수께서 말씀하시는 것을 실행하는 것"(루카 6,26)의 문제입니다. 이는 우리를 사정없이 두들겨대는 세상에 저항하느냐의 문제이며, 예수님 안에서 계시된 하느님 나라와 긴밀히 연결된 책무를 온 힘을 다해서 수행하느냐의 문제입니다.

그렇다면 주님의 뜻을 실행하기 위해 '반석 위에 세운다는 것'은 어떤 의미일까요? 앞서 논의한 지혜의 개념이 우리로 하여금 그 질문의 답을 찾아가는 길을 열어줄 것이라고 저는 믿습니다. 우리에게 맡겨진 구체적 과업은 공동체의 재건이라는 맥락에 있는 교육적 과업입니다. 이 과업은 견고한 주관적 절충과 진지하고 명료한 객관적 식별을 필요로 합니다. 그렇기 때문에 우리는 지적, 정서적, 실제적 지혜로 교육적 과업을 감독해야 합니다. 그리고 그 세 가지 지혜의 각 측면에서 철저하게 예수님을 모범으로 삼아야 합니다. 그리스도를 주님이라고 고백하고, 복음 전파와 하느님 나라 건설의 사도가 되려면, 육화되신 지혜의 반석 위에 그리스도인의 정체성 및 교사의 정체성을 잘 세워야 합니다. 아울러 그 지혜의 반석 위에 교육적 행동 역시 잘 세워야 합니다.

우리는 의심의 여지없이 우리에게 주어진 소명에 응답하는 가운데 여기까지 왔습니다. 그런데 우리는 이 지점에서 정말로 유혹에 빠지기 쉬운 몇 가지 오해와 마주치기도 합니다.

그 첫 번째 오해는 육화된 지혜, 나자렛 예수라는 개념에 대해 지나치게 경건한 태도로 일관하는 것입니다. 이는 오로지 내적이며, 주관적인 체험만을 중시하고, 지혜가 지닌 객관적 측면을 경시하는 것입니다. 세계를 향한 응시, 이해의 빛으로 나아가고자 하는 마음의 움직임, 이상에 닿기 위한 효과적 개입의 창조를 비롯한 구체적 결단 등을 모두 간과하는 것입니다. 이러한 오해에 유혹당하면 그리스도에 대한 유사 신비주의에 빠지게 됩니다.

물론, 이 같은 관점은 그리스도교 신비주의 혹은 더 나아가 모든 종교의 신비주의의 한 측면이기도 합니다. 하지만 이 관점이 일종의 영적 엘리트주의로 환원되는 경우가 있습니다. 현실적이고 구체적인 역사와 결별한 소수 선민들의 황홀 체험으로 그치게 되는 것입니다. 내면으로 파고드는 역동성을 통해 깨달음을 얻은 엘리트들은 우리가 사람들 틈에 속해 있다는 소속감, 곧 하느님의 백성인 교회에 속해 있다는 소속감을 박탈시킵니다. 깨달음을 얻은 엘리트들은 모든 지평들을 가로막아 우리가 꾸준히 노력하여 각자 나름의 내면적 행동을 고안해내는 길을 차단합니다. 희망도 없는 내재주의immanentism[23]에 우리를 가두는 것입니다. 모든 지혜를 폄하하는 이러한 영적 엘리트주의는 그 바탕에서부터 다음과 같은 우리 신앙의 근본 진리를 부정하고 있습니다. "여러분은 하느님의 영을 이렇게 알 수 있습니다. 예수 그리스도께서 사람의 몸으로 오셨다고 고백하는 영은 모두 하느님께 속한 영입니다"(1요한 4,2).

신약성경에서 우리는 이러한 환원주의가 강조된 바를 구

---

23) 역주: 인간의 내면적 체험이 진실 검증의 최종 원천이라고 주장하는 철학설이다. 절대적 내재주의(Absolute immanentism)는, 인간 인식의 진실성 점검의 척도는 인간 자신이라고 주장하고 초자연의 가정(假定)은 말 그대로 이성을 넘는 일이며 따라서 이성적으로 운운할 필요가 없다고 주장한다.

체적 사례를 통해 살펴볼 수 있습니다. 코린토에 있던 초대 그리스도교 공동체가 바로 그 예입니다. 그렇기 때문에 성 바오로[24]는 이 공동체에 아주 열정적인 편지를 보낸 바 있습니다. 이들 그리스 출신의 그리스도인들은 카리스마적인 유형의 신앙 개념을 발전시켰는데, 언어의 은사나 황홀의 은사 같은 '영 안에서의' 체험들을 거기에 연관된 도덕적, 사회적 투신으로부터 떼어놓고 말았습니다. 바오로 사도는 이런 종류의 영적 그리스도교가 실제적 수준의 일상적 삶과의 접점을 상실해가고 있다는 사실을 일깨워주어야만 했습니다. 이는 오늘날 나자렛 예수와 그분이 전한 복음에 대한 참된 믿음보다 이른바 뉴에이지 종교성이 더 발전하는 문제에 빗댈 수 있겠습니다. 우리가 사는 이 시대처럼 의미가 결핍되고 상실된 때에는 신비주의의 일방성이 위로와 이익이 되는 체험을 제공해주는 것은 의심의 여지가 없는 사실입니다. 하지만 언젠가 일정한 시점이 지난 후에는, '죄스런 인간 조건의 신비'로 인해, 이 결함 있는 영성이 주장하는 '세상 위로 드높여짐'이라는 허세가 반박될 것이며 결국에는 거짓과 자기기만이라는 은닉된 측면이 드러날 것입니다.

그리스도교적 지혜를 강조하는 것은 우리가 학교에서 맡

24) 역주: 영어판에는 'Saint Peter'(베드로)라고 되어 있으나 스페인어판에는 'San Pablo'(바오로)로 되어 있어, '바오로'로 번역하였다. 이는 신약성경에 있는, 바오로 사도가 코린토 신자들에게 보낸 서간을 의미하기에, 영어판 오역으로 보인다.

고 있는 과업에 어떤 영향을 줍니까? 이 질문에 여러 가지 다른 방식으로 접근할 수 있겠지만 여기서는 신앙을 황홀한 마술로 여기거나, 경우에 따라서는 성사를 황홀한 마술로 여기는 것에 대해서 살펴보겠습니다. 지금 제가 여기서 우리 교육공동체의 성사 생활을 분석하고자 하는 것은 아닙니다. 저는 다만 현재 벌어지고 있는 몇몇 상황을, 그중에서도 성사 생활의 틀에 박힌 일상성routine과 성사 생활 자체의 부재absence, 이 두 가지에 대해서 언급하고자 합니다.

가끔씩 우리는 하느님을 만났다는 표징[25]들을 절대적인 것으로 여겨 그 표징들이 상징하는 바가 무엇인지조차 도외시하는 지경에 이릅니다. 그렇게 하는 것은 도리어 그 표징들을 무효화하는 것과 같으며, 표징들이 지닌 일관성을 상실하게 하고, 그것들을 한낱 기계적인 것으로 만드는 셈입니다. 같은 맥락에서, 가끔씩 우리는 교리 수업, 청소년 피정, 가정의 날에 경험하는 좋은 순간들, 감사의 순간들, 축하와 행복의 순간들, 그리고 간헐적인 여러 다른 순간들을 통해 느끼는 감정적 황홀감을 지나치게 맹신하기도 합니다. 주님 안에서 찬미하고 즐거워하는 것은 다른 어떤 것을 위한 도구나 수단이 아닙니다. 그것은 참된 복음적 삶의 광채를 표현하는 것이며, 사람들이 실제로 거닐었던 그 길 위에 머무르면서 간절한 마음으로 꾸준히 행복을 기다리는 것입니다.

25) 역주: 하느님 사랑과 은총의 표징인 성사를 가리킨다.

마지막으로, 바오로 서간에 나오는 코린토 사람들과 비슷한 우리의 모습을 한 가지 더 언급하자면 그것은 바로 즉흥성의 추종입니다. 물론, 관료주의적이며 마음이 없는 형식주의, 절차와 규칙을 무조건 따르는 것에 대한 정당한 비판은 있을 수 있습니다. 또 '문자'보다는 '영'이 우선한다고 말할 수도 있습니다. 그런데 그와 같은 입장은 이도 저도 아닌 아무 효과 없는 어떤 결과로 이어지기도 합니다. 혹은 개인성에 대한 맹목적 추종으로 이어져서 결과적으로는 우리에게 부여된 사명을 저버리게 될 수도 있습니다. 이때 우리에게 맡겨진 교육사명은, 살아 있는 창의적인 공동체를 흉내 냈지만, 마치 언젠가 꼭 밝혀질 거짓말처럼, 한탄스럽기 짝이 없는 패러디 속으로 표류하고 말 것입니다.

반대편 극단에서, 그리스도의 지혜는 확연히 '객관적인' 사실을 말하는 것이 되며, 역사적 그리스도라는 개념을 표방하며 나부끼는 깃발이 됩니다. 이러한 입장에서 볼 때, 역사적 그리스도는 무덤에 남아 있지 않고 주님으로 드높여졌으며, 눈에 보이는 새로운 사회적, 문화적 질서의 윤곽을 제시해주었습니다. 일련의 확실성들은 구체적인 역사적 성취와 동일시됩니다. 환원주의적 개념에 의하면, 그리스도의 부활의 객관성은 역사에서 그리스도가 이룬 승리의 객관성으로 귀결되는데, 이는 하느님 나라와 이 세계가 동일시되는 형태로 귀결됩니다. 하느님 나라와 이 세계를 동일시하는 현상은 역사에서 반복적으로 되풀이되어 왔으며, 이미 그리스도교 초창기에도 있었던 것입니다. 이에 대한 중대한 비판을 요한복음의 한 장면, 곧 예수님과 빌라도 총독의 대화에서 찾아볼 수 있습니다(요한 18,33~37). 왜 예수님께서는 천사들을 불러서 당신의 왕국을 지키게 하지 않으셨겠습니까? 그것은 그분의 나라가 '이 세계에 속한 것'이 아니기 때문이었습니다. 모든 것이 태어나서, 자라다가, 때가 되면 죽어 없어지듯이 정치적, 사회적, 문화적 대안들도 숙명적 파국을 맞이하기 마련입니다. 그러나 그분의 나라는 이렇게 숙명적인 파국에 얽매여 있는 정치적, 사회적, 문화적 대안 같은 것이 아닙니다.

신비주의적 그리스도교가 일종의 엘리트주의 혹은 "나르시스적인 향연"narcissistic celebration을 야기한다고 한다면, 그 반대에 있는 역사적 극단주의는 "영적 권위주의"authoritarianism of the spirit로 빠질 수 있는 틈을 만듭니다. 나르시스적인 향연과 마찬가지로 영적 권위주의도 어쩔 수 없이 인간 존재의 속살을 건드립니다. 주체성 사이의 충돌이라는 역사적 조건은 가라지와 밀의 비유에서처럼 만사가 완전히 흑백으로 나뉠 수 없는 모호한 영역입니다. 이러한 역사적 조건은 늘 완벽하게 확정된 질서들을 좌절시킬 뿐 아니라, 그 완벽하게 확정된 질서들 속에 전형적으로 숨겨져 있는 악의 능력을 밝혀냅니다. 그래서 결국에는, 인간 내면에 깃들어 있던 지배의지, 이 경우에는 죽음을 이긴 그리스도의 승리에 대한 명상으로 위장되어 있는 지배 의지의 정체가 드러나게 됩니다.

영적 권위주의 역시 교육적 과업의 일환으로 우리가 하고 있는 봉사에 영향을 줄 수 있습니다. 더 나아가 심각한 왜곡을 가져올 수도 있습니다. 동의하지 않는 분들도 계시겠지만, 다른 의견이 들어설 자리가 없고, 다양하고 다원주의적인 선택과 방향을 허락하지 않는, 엄격하게 역사적인 정체성 모델은 이제 적어도 서구 사회에서만큼은 그 성립이 불가능합니다. 현대 문화에서 주체성은 우회적인 생각이나 이치에 맞지 않는, 터무니없는 말들을 인정할 정도로 전 인류의 사고를 지배하게 되었습니다. 그런데, 침해할 수 없는 자유의 주체로서의 인간 개념 발달은 복음적 영감과 완전히 분리된 것은 아닙니다. 종교적 차원에서 보아도 인간의 존엄성이 요구하는 믿음의 유형은, 개인이 하느님을 찾아 나서는 것을 구속하거나 근절시키는 절대적, 내재적인 '문자'를 강요하는 것과는 거리가 멉니다. 다시 말해, 참다운 믿음은 각 개인이 하느님으로부터 받은 풍성한 자원들을 불러 모아 그분을 찾는 모험을 향해 나아가는 것을 가로막지 않습니다.

가톨릭 학교들은 모든 것에 대한 대답을 손에 쥔 채, 권력을 휘두르는 그리스도인의 군대를 형성하려는 열망을 가져서는 결코 안 됩니다. 오히려 우리 학교들은 모든 질문이 환영받는 그런 곳이 되어야 합니다. 학교는 복음의 빛 안에서 각 개인의 탐색이 장려되는 곳이 되어야 합니다. 말의 장벽으로 그것을 가로막아서는 안 됩니다. 사실, 말로 지어진 장벽은 너무 허술하기에 얼마 가지 못해 무너지고 맙니다. 우리에게 주어진 도전은 훨씬 더 큽니다. 이 도전은 깊이를 요구하고, 삶에 주의를 기울일 것을 요구하며, 치유와 우상으로부터의 해방을 요구합니다. 여기서 우리는 이렇게 또렷이 천명합니다. 역사적, 정치적 개념과 신비주의는 둘 다 승리주의를 조장하는데, 이는 죄와 죽음을 이기신 그리스도의 진정한 승리를 과장되게 흉내 낸 것에 지나지 않습니다.

그리스도교적 지혜의 차원

그렇다면 우리는 어떻게 하면 그리스도교적 지혜를 긍정적으로 이해할 수 있겠습니까? 여기서는 이에 대해 그냥 한 번 살펴보는 정도에 그칠 수밖에 없으므로 불가피하게 간략하고 제한된 이야기만 가능할 것 같습니다. 어느 누구도 인간의 언어를 간략하게 조합해서 사람이 되신 말씀의 그 무한한 풍성함을 다 이야기할 수는 없습니다. 하지만 저는 여러분들로 하여금 추구하고, 기도하고, 성경과 교회의 여러 가르침들을 더 많이 알아갈 수 있도록 하고자 합니다. 여러분들은 성경과 교회의 문헌을 깊이 살펴보면서, 오늘날 이 세계에 생기를 불어넣어줄 신앙의 고유한 어조와 강조점들을 밝히려고 애써야 하겠습니다. 저는 여러분들에게 권고합니다. 더욱 주의 깊고 깨어 있는 시선으로 시대의 징표를 응시하십시오. 역사의 여러 순간에서 거룩함의 열매를 선사했으며, 예상치 못했던 복음화와 쇄신의 시대를 펼쳐냈던 그 구원의 대화를 다시 시작하십시오. 이를 위해 우리는 공공성 commonality이 들어설 자리를 넉넉하게 마련해야 합니다. 진지함과 열정으로 우리 자신을 열어 타인과 함께 성장해야 하며 이 모험에 우리의 온 마음을 다 바쳐야 합니다.

사목자로서 저는 기억해두면 좋을 몇 가지 생각들을 여러분들과 나누고 싶습니다. 간략히 말하자면, 각 인격체와 예수님의 말씀이 어떤 방식으로 위에서 묘사한 지혜의 이상들을 형성하는지 몇 가지 측면을 여러분들에게 말씀드리고 싶습니다.

첫째는 진리로서의 그리스도교적 지혜입니다. 예수님 당신께서 스스로를 진리로 정의하셨습니다(참조: 요한 14,6).[26] 우리는 제한된 진리가 아니라, 가장 포용적인 진리의 개념을 향해 나아가야 하겠습니다. 몇몇 인간의 진리는 아주 견고해 보입니다. 하지만 인간의 진리가 아닌 하느님의 진리를 생각할 때에는 포용적 진리를 향해 나아가야 합니다. 하느님의 진리는 다함이 없습니다. 그것은 마치 뭍이 보이지 않는 바다와도 같습니다. 최근에 와서야 우리는 하느님의 진리가 이렇게 다함없이 드넓다는 사실을 발견하게 되었습니다. '우리

26) 역주: 예수님께서 그에게 말씀하셨다. "나는 길이요 진리요 생명이다. 나를 통하지 않고서는 아무도 아버지께 갈 수 없다"(요한 14,6).

의 진리'를 편집증적으로 방어하는 굴레에 우리를 구속시키지 않게 된 것입니다. 마치 내가 진리를 가지고 있으면 그는 갖고 있지 않고, 그가 그 진리를 가질 수 있으면 나는 가질 수 없는 것처럼 생각하던 것에서 비로소 벗어나기 시작했습니다. 진리는 드넓게 열려 있는 은총입니다. 그리하여 진리는 우리를 드넓게 하고, 우리를 증폭시키며, 우리를 들어 높입니다. 진리는 우리로 하여금 은총의 종servants이 되게 해줍니다. 그렇다고 해서 진리가 상대주의relativism로 이어지는 것은 아닙니다. 오히려, 진리는 이해를 끊임없이 심화시켜 나가는 길입니다.

예수님의 복음은 우리에게 진리를 제공합니다. 하느님에 관한 진리, 곧 성부이신 하느님, 당신의 백성과 만나고자 강생하신 하느님, 또한 선택하시고, 부르시며, 파견하시고, 자유의지를 지니시며, 해방하시는 하느님에 대한 진리를 이야기합니다. 하느님 나라에 대한 비유들을 다시 한번 읽어보십시오. 그 비유들은 하느님에 대한 이야기를 합니다. 하느님께서는 잔치를 준비해놓고 사람들을 부르러 고을 어귀를 다니십니다. 하느님께서는 겨자씨처럼 작은 것 안에 숨겨져 있다가 크게 자라납니다. 비록 우리가 그것을 볼 수 없을지라도 말입니다. 하느님께서는 한없이 자애로우십니다. 하느님께서는 마지막 순간까지 기다리시며, 길을 잃은 사람들을 찾아 나서십니다. 하느님께서는 뒤늦게 포도밭으로 일하러 온 일꾼들에게도 제 품삯을 다 주시고, 그러면서 아침부터 포도밭에 온 일꾼들이나 탕자의 비유에 나오는 첫째 아들을 향한 사랑도 거두시지 않습니다. 하느님은 오히려 아침부터 포도밭을 찾은 사람이나 탕자의 비유의 첫째 아들 같은 이들을 늘 곁에 두시면서 그들로 하여금 현재의 자기 모습을 초월하여 하느님을 닮도록 초대하십니다.

하느님, 그분에 대해 우리가 무엇이라고 말할 수 있겠습니까? 그분 존재의 무한성 때문에 우리가 그분에 대해 아무것도 말할 수 없는 것은 아닙니다! 그런데 복음의 우물로 되돌아가 그 물을 길어 마시려다 보면, 우리 인간이 역사에 걸쳐 만들어놓은 하느님의 표상들이 얼마나 한심한 것인지를 문득 실감하게 됩니다. 사실 많은 경우에 인간은 자신의 모습을 본 따서 그와 같은 하느님의 표상들을 만들지 않았습니까? 여기서 더 나아가 생각할 것은 하느님께서는 자기의 '신성' 안에만 머물러 있지 않았다는 사실입니다. 우리가 하느님에 대해서 이야기할 때 그분께서 사람이 되셨다는 것, 다시 말해 예수 그리스도에 관한 이야기를 안 할 수가 없습니다. 무한하신 사랑으로 우리를 구원하시는 하느님 아버지께서는 우리 손이 절대로 닿지 않는 그런 분이 아니십니다. 오히려, 하느님께서는 스승 예수님의 행동과 말씀으로써 당신의 사명을 완수하셨습니다.

그렇기 때문에 그리스도교적 지혜는 또한 인간에 관한 진리이기도 합니다. 그것은 사람이 되신 하느님에 관한 진리이며 신성하게 살아가도록 소명 받은 사람에 관한 진리입니다. 이는 언제나 새로우면서도 늘 우리 곁에 있는 메시지입니다. 지금과 같은 테크놀로지의 세계화 시대에는 인간적인 모든 것이 '비트'bit로 환원되는 듯합니다. 그리고 이제까지 이루어 왔던 하느님 나라의 많은 부분들도 다 포기하기로 한 듯합니다. 하지만 이런 시대에서마저 지속적으로 울리는 진리의 말씀이 있습니다. 그 말씀은 우리 귀에 울리고, 온 사방에 울리며, 강론대에서도 울리고, 시민들의 토론의 장에서도 울립니다. 이 말씀은 골고타 언덕에서 울리고 이 세계의 수많은 지옥에서도 울립니다. 그것은 다름 아닌, 우리 인간을 그분처럼 만들기 위해 기꺼이 당신 자신을 낮춰 인간이 되신 하느님의 그 충실한 사랑에 관한 말씀입니다. 우리는 에덴동산에서 뱀이 제시했던 길, 곧 높아지려는 길과는 정반대되는 길을 통해서 그분의 사랑을 성취해야 하겠습니다.

우리 가운데 가르치는 사명을 받은 사람들이 과연 하느님과 인간에 관한 이 진리의 모든 아름다움과 폭발성을 비중 있게 다룰 수 있을지 궁금합니다. 지금으로부터 한 세기 전, 확신에 가득 찬 어떤 한 그리스도인이 있었습니다. 사실 올해, 2004년은 그의 사망 100주년이 되는 해이기도 합니다. 그는 교사이자 언론인, 그리고 정치인으로서 자기에게 주어진 사명을 깨달았으며, 이원론dualism이나 의구심에 빠지는 일도 없었습니다. 그는 믿는 이로서, 그리고 그 시대 사람으로서 자기의 조건을 전적으로 수용했습니다. 제가 말씀드리는 이 사람은 바로 호세 마누엘 에스트라다José Manuel Estrada입니다. 그는 교회에 대한 신실함과 조국에 대한 사랑으로 수많은 전투를 치렀습니다. 또한, 그는 그리스도교의 진리가 인류를 고양시키는 데 엄청난 저력을 갖고 있다고 이해했습니다. 그런데 저는 우리가 그를 이해할 때 이 정도 선에서 멈추지 않는 것이 매우 중요하다고 믿습니다. 사실 에스트라다 자신도 그 정도 수준에 안주하지 않았습니다. 에스트라다에게 이것은 단지 가톨릭 신앙에 닥친 폭풍과 비바람을 견디는 그런 문제가 아니었습니다. 거기서 더 나아가 그는 새로운 사회의 건설에 봉사하기 위해서 자기가 가진 능력들을 강화시키려고 하였습니다.

그는 인간의 삶이 지닌 의미에 대해 물음을 던졌습니다. 그는 삶의 의미가 하나의 물음표로 전환되고, 모든 선한 사람들을 찾아 나서는 초대로 전환되는 지점을 정확하게 규명해냈습니다.

> 비교과학은, 그것이 화학의 경우처럼 물질의 질서에 속한 것이든 아니면 철학의 경우처럼 도덕적 질서에 관한 것이든 상관없이, 사실을 분류하고, 현상을 정의하며, 직간접적인 법칙들을 정식화합니다. 그런데 이런 비교과

학도 각각의 법칙들을 묶어주는 보다 상위의 연결 고리들을 설명하는 데에는 무력할 뿐입니다. 생산의 형이상학적 조건들 안에서 각각의 법칙들을 보편적 조화로 이어주며, 숭고한 법칙에 귀속되도록 하는 그 연결 고리를 설명하지 못합니다. 인간의 무지(無知, ignorance)가 단지 현상이나 자기가 처한 조건을 이해하지 못하는 것 때문이라면, 자연주의나 과학만 있으면 충분히 인간의 무지를 해소할 수 있을 것입니다. 하지만 자연주의적인 설명을 얻어냈다 하더라도 틀림없이 다른 차원의 호기심이 생겨서 그것이 마음속을 떠나지 않게 됩니다. 그리스도인이든, 논리적인 무신론자이든, 순수하게 동물성과 야만성만 혼재되어 남아 있는 그런 수준을 아주 약간만이라도 뛰어넘는 사람이라면 누구든지 새로운 차원의 호기심이 생겨납니다. 눈에 보이는 세계에 대한 다른 호기심들이 해소되고, 또 모든 실험적 사실의 상황에 대한, 숨겨졌던 궁금증들이 모두 다 해결되더라도 여전히 다른 호기심이 생깁니다. 그것은 바로 '나는 누구인가?'라는 질문입니다. '나는 어디서 왔는가?'라는 것 역시 쉽게 해소되지 않는 질문입니다. 그리고 마지막으로, 신앙의 달콤함 그리고 불신과 의혹에 따른 불안의 중심에는 반드시 다음과 같은 고통스런 질문이 자리하고 있습니다. '나는 어디로 가고 있는가?'

에스트라다는 그리스도교적 지혜가 담론discourse의 차원에만 머무는 것이 아니라고 증언하였습니다. 그리스도교적 지혜에서는 '진리'의 차원이 '생명'과 '길'의 차원과 나란히 갑니다. 지혜의 세 가지 측면들이 예수님 안에서 그리고 그분의 발자국을 따르는 사람들 안에서 복음적으로 용해됩니다. 하느님과 인간에 관한 진리는 세계, 동료 인간, 자신의 삶, 자신이 맡은 사명을 이제까지와는 다른 방식으로 가늠해보려는 원칙입니다. 이것은 또 다른 새로운 사랑의 원칙입니다. 필연적으로 이 지혜는 윤리적 지향과 역사적 선택의 원칙이기도 합니다. 이 원칙에 의해서 우리가 살고 있는 시대에 맞는 지혜가 구체적으로 육화되어 그 모습을 갖춥니다. 저는 여러분들이 그리스도교적 지혜가 어떻게 교사의 소명을 빛어낼 수 있는지 그 방법들을 꾸준히 성찰하면서 앞으로 나아가기를 바랍니다. 가르치는 이들은 깊은 성찰과 구체적 실천을 통해 계시된 진리를 꾸준히 해석해 나가야 합니다.

스승이신 예수님과 함께

우선, 이 성찰의 출발점을 다시 떠올려봅시다. 교육적 과업에 투신한 그리스도인으로서 우리는 막중한 책임을 지고 있습니다. 이는 막중한 책임이면서 동시에 세상에 기여할 기회이기도 합니다. 우선적으로 이뤄야 할 목표들을 성공적으로 성취해야 합니다. 그런데, 이 성취는 주님과의 만남이라는 체험 속에서 자라고 성숙해진 지혜를 바탕으로 이루어져야 합니다. 우리는 스스로에게 다음과 같은 근본적 물음을 던져야만 합니다. 우리는 어떤 목적을 위해 교육을 합니까? 왜 교회는, 그리고 그리스도교 공동체는, 직접적으로 종교적이지 않은 과업에 시간과 자산과 에너지를 투자하고 있습니까? 왜 우리 교회는 미용실, 동물병원, 여행사가 아니라 학교를 운영합니까? 돈을 벌자고 학교를 운영하는 것입니까? 물론 그렇게 오해하는 사람들도 분명히 있을 것입니다. 하지만 가톨릭 학교들 대다수의 현실을 들여다보면 돈을 벌자고 학교를 운영한다는 말이 사실이 아님을 쉽게 알 수 있습니다. 그렇다면 가톨릭 교육을 통해 사회에 영향력을 끼치기 위한 것입니까? 어떤 영향력을 끼쳐서 거기서 어떤 이익을 얻어내려고 하는 것입니까?

어떤 학교들은 고객에게 상품을 제공하듯 교육을 합니다. 인맥과 환경과 수월성이 바로 그 학교가 판매하는 상품입니다. 하지만 좋은 교육상품 판매가 우리 가톨릭 교육의 이유는 아닙니다. 우리는 윤리적 사명과 복음적 사명에 이끌려 교육서비스를 제공할 뿐입니다. 우리가 교육에 참여하는 단 한 가지 이유는 또 다른 가능한 세상과 새로운 인류를 향한 희망 때문입니다.

이러한 희망은 그리스도교적 지혜에서 샘솟습니다. 그리고 이 지혜는 부활하신 그분 안에서 우리 모두가 신성한 지위 the divine stature에까지 부르심 받았다는 사실을 알려줍니다. 당대의 언어와 신학을 바탕으로, 에스트라다는 그리스도교적인 관점에서 본 교육과업의 목표를 아래와 같이 분명하게 설명하였습니다.

> 여러분들은 보고 계시지 않습니까? 이 세기의 사람들이 완전을 향한 끝없는 갈망으로 분투하고 있는 모습을 말입니다. 우리도 역시 진보와 완전함을 사랑합니다. 그런데 우리가 사랑하는 완전함이란 인간의 운명과 도덕적 본질을 총체적으로 포괄하는 인간에게 어울리는 완전함입니다. 과학은 훌륭합니다. 그리고 저는 과학을 찬미하고 사랑합니다. 왜냐하면 과학은 인간이 자연을 이용하는 데 있어 필요한 법칙이기 때문입니다. 하지만 우리가 지향하는 법칙은 과학 법칙이 아니라 본체적이면서 영원한 목표를 지향하는 법칙입니다. 영혼의 정화와 하느님과의 일치를 이루기 위해서는 초자연적인 목표뿐 아니라 초자연적인 수단도 필요합니다. 모든 진보의 조건과 최상의 목표는 그리스도를 통하여 인간 내면에 초자연성을 회복시키는 것입니다. 나폴레옹도 다음과 같이 생각했습니다. '교육한다는 것은 다름 아닌 창조하는 것이다.'

이 모든 것은 단순한 시적 표현이 아닙니다. 사실, 우리 사회에서 지금 통용되는 많은 가치관들은, 인간과 공동체의 총합을 구성하는 포용적이며 초월적인 진리를 망각하고 있습니다. 학교는 시류에 맞는 가치관들을 전하는 단순한 전달자 역할에 그칠 수도 있고, 또 다른 새로운 가치관들이 자라나는 요람이 될 수도 있습니다. 물론 새로운 가치관들의 요람이 되기 위해서는 믿고 희망하는 공동체가 있어야만 합니다. 사랑하는 공동체, 부활하신 주님의 이름으로 모인 공동체가 있어야만 합니다. 교육계획과 교육과정을 짜기 전에, 학교강령과 규칙의 구체적인 양식을 정하기 전에, 우리 가톨릭 학교가 생성하려고 하는 것이 무엇인지 알아야 합니다. 그리고 이 목적을 위해 모든 가르침의 공동체가 나름대로 참여하고, 위와 같은 관점에서 격렬하게 의견을 교환해야 합니다. 그리하여 마침내 예수님의 계획에 열정적으로 투신하고, 모든 이들의 지지를 얻어낼 수 있어야 합니다.

많은 교육기관들이 형제를 양성하기보다는 늑대를 양성하는 데 매진합니다. 그들은 다른 사람을 짓밟고서라도 능력과 성공을 추구해야 한다고 가르칩니다. 물론 거기에도 있으나마나한 윤리위원회를 통해 유지되는 몇 가지 미온한 윤리적 규준이 있기는 합니다. 하지만 그것들 역시 늑대를 양성하는 과정에서 필연적으로 수행되는 실천들의 파괴성과 부식성을 완화시키기 위한 것일 뿐입니다. 수많은 교실에서 강하고 빠른 학생들은 보상을 받고, 약하고 느린 학생들은 무시를 당합니다. 수많은 교실에서는 성적으로 1등이 될 것을 장려할 뿐, 연민과 자비로 으뜸이 되어야 한다고 가르치지는 않습니다. 여기서 우리 그리스도인들이 공헌해야 할 부분은 '또 다른 인간됨의 방식'을 증언하고 실현하는 교육을 하는 것입니다. 그런데 우리가 그저 비바람, 홍수, 폭풍을 견뎌내는 데에만 그친다면 그와 같은 교육적 과업을 이루는 것이 불가능합니다. 마찬가지로 우리가 그저 팔짱을 끼고 어떤 표준의 외곽에 머물면서 맹렬한 비판만 하고 있다면 그 역시도 새로운 교육적 과업을 이룰 수 있는 길은 아닐 것입니다. 지금까지와 다른 새로운 인류의 모습이 가능해지려면 긍정적인 행동이 필요합니다. 긍정적인 행동이 없다면, 지금까지와 다르다든지 새롭다든지 하는 말들은 그저 말에 그치게 될 것입니다. 그리고 그렇게 되면, 지금의 상태가 더욱 굳어지고 고착되고 말 것입니다.

우리가 보다 적극적인 자세를 취하려면 먼저 우리를 명확하게 만들지 않고 오히려 마비시킬 뿐인 몇 가지 갈등을 성공적으로 극복해야 합니다. 굽힐 줄 모르는 팽팽한 적대감은 모호한 부분들을 과장하며, 그 모호함은 좀 더 부정적인 근원으로 향하게 하는 잠재력이 됩니다. 현실적이고, 결정적이며, 책임 있는 타협은 우리의 식별력을 키우며, 우리 공동체 안에 깊이 뿌리박고 있는 진부함과 상투성을 극복할 수 있도록 도와줍니다. 이 목표에 닿기 위해 저는 여러분들에게 세

가지 도전을 제안하고자 합니다. 이 세 가지 도전은 상호 연관성이 있습니다. 첫째, 열매를 맺으려고 노력하되, 결과를 존중해야 합니다. 둘째, 거저 주어진 것을 소중히 여기되 효율성을 잃지 않아야 합니다. 셋째, 수월성을 추구하되 연대를 상실하지 않는 공간을 창출해야 합니다.

"열매"와 "결과"

우리의 교육과업에는 하나의 목표가 있습니다. 그것은 바로 우리에게 맡겨진 학생들 안에서 무언가가 생겨나도록 하는 것입니다. 곧, 학생들 안에서 변화를 일으키고, 지혜의 성장을 일으키는 것입니다. 우리는 가톨릭 학교의 교실을 거쳐 간 학생들이 변혁적인 삶을 살길 바랍니다. 우리는 그들이 더 풍부한 지식과 새로운 감성을 지니기를 바라며 성취 가능한 이상을 갖게 되기를 바랍니다. 지혜의 스승이 되고 싶은 교사들은 훌륭한 언변과 주목받는 행동으로써 '의무를 완수하는 것'만으로는 충분하지 않습니다. 필요한 능력을 갖춘다든지 직업적 정직성을 갖춘다든지 하는 것을 훨씬 넘어서서 멀리 바라볼 수 있어야 합니다. 교사들은 자기가 받은 소명의 존재 이유raison d'etre인 학생들 안에서 무엇을 불러일으킬 수 있을지에 주목해야 합니다.

우리가 바라고 소망하는 변혁에 우리는 가진 모든 것을 다 걸어야 합니다. 그런데 보다 나은 어떤 것을 도출하기 위해서는 변혁에 담긴 다원적 측면들이 융합되어야만 합니다. 다소 도식적이기는 하지만 이해를 돕기 위해서 이를 상호 관련된 두 가지 차원, 곧 "결과 생산"to produce results과 "열매 맺기"to yield fruit로 설명하고자 합니다.

이 두 가지 목표는 어떤 함의를 가지고 있습니까? "열매 맺기"는 농사짓는 일에서 따온 은유입니다. "열매 맺기"는 지금 살아 있는 존재의 세계에 새로운 것들이 출현하는 방식입니다. "열매 맺기" 대신 새 생명을 낳는 '출산'의 이미지를 이용할 수도 있겠습니다. 식물의 열매 맺기든 동물의 출산이든 그 개념은 해당 주체들 안에서 일어나는 내적인 과정을 가리킵니다. 열매는 살아 있는 존재의 열매로서 같은 정체성에서 형성됩니다. 열매는 이미 자기 존재의 일부분을 형성하고 있는 그 힘들을 가지고 스스로에게 자양분을 제공합니다. 열매는 수많은 내적 일체화를 통해서 스스로를 늘리는데, 그것은 상당히 고유하며, 놀랍고, 독창적입니다. 자연은 그 어떤 열매도 완전하게 똑같이 생산하지 않습니다. 식물과 마찬가지로, 사람들도 자유로움 속에서 창조성을 성숙시킨 사람만이 "열매를 맺습니다". 진리를 받아들이고, 수용하며 진리에 동화하는 것에서부터 새로운 것들이 잉태되어 나옵니다.

그렇다면 이 "열매 맺기"라는 개념을 어떻게 우리의 구체적인 교육사업에 매개시킬 수 있겠습니까? 자기 책무를 통해 "열매를 맺고자" 하는 슬기로운 교사라면 기존의 것들을 추구하는 것으로 자기 역할에 제한을 두지 않습니다. 슬기로운 교사들은 사람들이 바람직하다고 여기는 틀에 스스로를 맞추면 그만이라고 생각하지 않습니다. 열매 맺음을 지향하는 슬기로운 교사는 그의 습관적인 행동에 도전을 가하는 '다른 것'들을 묵살하지 않습니다. 훌륭한 교사라면 학생들이 의문을 갖지 않는 맹목적이며 현실순응적인 성취에 만족함으로써 스스로를 기만하지 않을 것입니다. 슬기로운 교사는 학생들의 질문 하나가 수천 개의 정답보다 훨씬 가치가 있다는 것을 잘 알고 있는 사람입니다. 슬기로운 교사는 학생들이 스스로 탐구해 나가도록 격려하지만 그러면서도 그 탐구가 함의하고 있는 위험을 늘 염두에 두어야 합니다. 슬기로운 교사는 학생들의 질문과 반항을 대할 때 그 질문과 반항을 격파하거나, 자기 의견을 강요하지 않습니다. 그 대신 '가르침으로써 배우고, 배움으로써 가르치는 것'을 통해 터득한, 개방적이며 유연한 태도의 지적으로 비평함으로써 책임감을 고취합니다. 그들은 실패하거나 실수할 때에 그것을 부인하거나, 무용담처럼 말하거나 혹은 반대로 비통하게 얘기하지 않습니다. 그들은 인내심을 갖고 장애물을 만났던 지점, 잘못 들어섰던 지점으로 되짚어가서 거기서부터 새롭게 출발합니다. 아니면 우회하여 인내심을 키우고, 그것 자체를 스스로를 위한 배움의 과정으로 삼습니다.

"결과 생산"의 은유는 산업 분야에서 나온 것으로서 순차적이면서 계측이 가능한 효과성과 관련이 있습니다. 그 결과는 예측, 기획, 측정이 가능합니다. 결과 생산은 각 단계에서 어떤 통제가 이루어진다는 것을 의미하며, 사전에 완벽하게 결정된 일련의 행동들이 예상 가능한 결과를 산출하는 것을 말합니다.

인간을 생산과 소비의 꼭두각시로 만들려고 하는 사회는 항상 '결과' 쪽을 선택합니다. 이런 사회는 통제를 필요로 합니다. 이러한 사회는 정해놓은 목표를 굽히지 않기 위해서, 또 이미 존재하는 갈등의 정도를 증폭시키지 않기 위해서 혁신적인 변화를 원치 않습니다. 이런 사회는 적은 비용으로 최대 이익을 얻기 위해서 완벽하게 예측 가능한 타자the other를 선호합니다.

그런데 지혜는 내용과 가치의 성숙뿐 아니라 솜씨 내지는 기술의 성숙을 의미하기도 합니다. 우리가 소망하는 또 다른 세상을 향한 모든 참된 변혁은 행위의 방법 곧, 그 논리를 이해하고 활용하는 데 필요한 도구적 능력까지를 모두 포함합니다. 우리 학생들은 자율성, 그리고 고유성에 대한 권리뿐만 아니라, 사회적으로 인정받고 입증된 기술들을 개발할 권리도 갖고 있습니다. 이 기술을 통해 학생들은 현실 세계에서 자기들의 욕망과 헌신을 표현할 수 있게 됩니다. 그리스도교적 지혜에 뿌리를 둔 교사는 자기 자신과 학생들을 위해 모든 노력을 기울여서 확보해야 할, 필수적인 효과성necessary effectiveness 역시 무시하지 않습니다. 그는 좋은 의도로 출발한 것들을 구체적으로 실현시키기 위해서는 기술, 훈육, 효율적 노력이라는 몹시 힘든 경로를 반드시 통과해야 한다는 사실을 잘 알고 있습니다. 때로는 자기 자신도 학생들만큼이나 쉬운 지름길을 가로지르거나 손을 떼고 뒤로 한가하게 물러서 있고 싶을 때가 있기도 합니다. 하지만 지혜로운 교사는 학생들과 더불어 이 거친 길을 꾸준히 견딜 줄 아는 사람입니다.

문제는 우리 그리스도인들이 "결과"와 "열매"를 따로 떼어 놓고 생각한다는 데에 있습니다. 그 결과 학생들의 노력을 고무하고 지지해주어야 할 때에 오히려 양성을 도외시하고 교육의 수준을 하락시켰습니다. 우리는 지금의 교육의 틀 위에 역동적인 창조성과 생산성을 건설하기보다는 그냥 좋은 환경을 유지하고 좋은 관계를 수립하는 데에 안주하고 있습니다. 우리는 틀에 박힌 행동, 정확하게 정식화된 믿음, 규준에 따른 표현들 속에 피신하고 있습니다. 이 모두는 스스로 '공고히 쌓아올리기'보다는 그저 '길들여진' 자유에서 기인합니다. 우리도 이렇게 '교육받았으니' 이렇게 해야 한다고 생각하는 것입니다.

균일성과 이해타산을 바탕으로 구상된 그리스도교 교육기관만큼 나쁜 것은 없습니다. 『핑크 플로이드의 더 월』*Pink Floyd The Wall*이라는 영화[27]에서 거칠게 묘사되었던 바대로,

마치 소시지를 만들어내는 것처럼 획일적인 교육기관이 되어서는 안 됩니다. 우리의 목표는 '사회를 위해 유용한 인재'를 양성하는 것만이 아니라 '사회를 변혁할 수 있는' 사람을 교육하는 것입니다. 그런데 이는 기술의 성숙, 지식의 심화, 취향의 다양화를 희생한다고 해서 성취되는 것이 아닙니다. 이러한 '결과들'을 도외시한다면 '새로운 인간'이 출현하는 것이 아니라 소비 사회의 맥없는 꼭두각시가 출현하고 말 것입니다.

결국 이것은 극단적인 입장들을 해소하고 그것들을 서로 어떻게 통합하느냐의 문제입니다. "열매 맺음"을 지향하되 모든 가능한 수단을 제공하여 그 열매들이 매 순간 구체성을 띠면서 효율적인 방식으로 "결과 생산"을 하도록 해야 합니다. 객관적 진리를 바탕으로 개방적이며 영감 넘치는 이상과 모델을 제시해야 합니다. 우리가 어떤 진리의 형식을 찾아냈다고 해서 그것을 강요함으로써 학생들이 지닌 역동성을 틀

---

27) 역주: 1982년 록음악 영화로 2000년대 중반에 우리나라에서도 개봉되었다. 이는 핑크 플로이드의 앨범 『더 월』(The Wall)을 영화한 것이다. 『핑크 플로이드의 더 월』에서 상징적으로 등장하는 벽은 '핑크'라는 주인공이 사회적 억압 요소에 외쳐대는 비판의 소리로 느껴진다. 핑크에게서 아버지를 빼앗은 전쟁, 마약과 섹스로 얼룩진 부조리한 사회의 모습, 사랑의 배신, 규격화된 교육방법 등 전쟁과 파시즘 등의 환경들이 한 인간을 사회로부터 어떻게 좌절시켰는지에 대해 독특한 시각과 사고를 담아 비판하고 있다. 특히 이 영화에서 가장 강하게 비판하고 있는 획일화된 주입식 교육의 폐해를 담은 곡 "Another Brick in the Wall"은 핑크 플로이드의 앨범 『더 월』에 수록된 대표곡으로서, 서태지의 "교실이데아" 탄생에 영향을 준 작품이라고도 한다.

어막아서는 안 됩니다. 오히려 필요한 교육적 개입을 통해 학생들이 자기 나름의 선택을 할 수 있도록 격려해야 합니다. 우리는 자유롭고 책임 있는 학생들, 질문할 줄 알고, 판단할 수 있으며, 일을 바로잡을 줄 알고, 실수를 했더라도 자기의 길을 꾸준히 걸어나갈 수 있는 학생들을 바라는 것이지, 우리가 정답이라고 규정한 틀에 딱 들어맞는 학생들을 바라는 것이 아닙니다. 우리가 정답이라고 규정한 것이 결국은 우리의 실책일 수도 있지 않겠습니까? 바로 이런 이유 때문에 우리는 학생들이 자기들 나름의 창조성, 기술, 실천 능력, 성공적 방향 설정의 체험을 통해서 자신감과 안정감을 얻을 수 있도록 도와주어야 하겠습니다.

이를 위해서는 먼저 모든 대화의 기회들이 의미 있다고 믿어야 합니다. 다시 말해 말의 힘을 믿어야 합니다. 이상적으로 꾸며진 말이 아니라 격려하며 촉구하고, 개방적이면서도 절제할 줄 알고, 초대하면서 용서하는 말의 힘을 믿어야 합니다. 사실 이 모든 것들은 다음과 같은 미덕들을 전제로 합니다. 물론, 실제로 이 미덕들을 실천하기란 상당히 어렵습니다. 자기 자신의 태도를 상대화할 줄 아는 겸손, 타인에게 알맞은 순간을 기다려줄 줄 아는 인내, 최선을 다하려는 노력을 포기하지 않고 꾸준히 유지하는 넓은 아량이 바로 그 미덕들입니다.

효율성을 겸비한 넓은 아량

사실 가톨릭 학교에서 우리 그리스도인들은 관대함의 규칙을 소중히 여깁니다. 그 이유는 무엇보다 관대함의 규칙이 지니는 고유한 내재적 가치 때문입니다. 관대함은 그리스도의 조건 없는 사랑을 모범으로 따른 하느님 사랑의 표지이자 사람들 사이의 사랑의 표지입니다. 가톨릭 학교가 관대함의 규칙을 선호하는 두 번째 이유는 경제적 기준을 모든 인간 활동으로 확대 적용할 때 그 결과가 무엇인지 또 그것이 얼마나 고통스러운 것인지 우리가 잘 알고 있기 때문입니다.

만약 우리가 에너지와 자원을 최소로 들여서 최대의 결과를 얻는 것을 효율성의 의미라고 이해한다면, 열매, 가치, 자유를 목표로 삼은 교육은 이 모든 관계들을 뒤바꿉니다. 즉, 우리가 효율성을 경제 논리로 이해하게 된다면, 의심의 여지 없이, 어린이와 젊은이들에게 투입되는 에너지는 엄청나지만 그 결과는 항상 우리가 바라던 것이 못될 것입니다. 그렇게 된다면, 최종 분석에서 열매를 맺느냐 못 맺느냐의 문제는 각 개인의 책임이 되고 말 것입니다. 그리고 그에 따라 우리의 교육과업도 불가피하게 평가를 받게 될 것입니다.

교육에 있어 효율성이라는 표준은 우리로 하여금 성공이 가장 확실히 보장되는 지점에 투자하도록 유도합니다. 그것은 오늘날 성공지향적인 민영화 모델과 매우 흡사합니다. 다른 무엇보다 결과와 보상을 중시하는 투자자는 다음과 같이 물을 것입니다. 무력하고 가망 없는 상태에서 헤쳐나올 길이 없는 학생들에게 왜 돈과 시간을 씁니까? 가장 배움이 느리고 가장 문제를 많이 일으키는 학생들이 자신의 삶의 길을 찾을 수 있도록 돈과 시간과 정열을 계속 더 쏟아붓는 것이 무슨 의미가 있습니까? 가장 능력 없는 학생들이 공동체의 재화를 낭비하도록 내버려두어야 합니까? 그렇게 해도 어차피 그들은 필요로 하는 수준에 영영 도달하지 못하지 않습니까? 돈 없는 사람들이 그렇게 된 것은 유전적으로 취약하기 때문이라고 생각하는 게 오히려 바람직하지 않겠습니까?

하지만 우리 신앙의 핵심을 잘 간파할 수만 있다면 이토록 나쁜 교육적 인간학의 논리를 완전히 반박할 수 있습니다. 하느님의 아들이 사람이 되시어 인간의 구원을 위해 십자가에서 돌아가셨습니다. 하느님이 투자하신 것과 그 지출의 목적 사이에 도대체 어떤 수익률이 존재합니까? 그 어떤 불경함도 없이 우리는 이렇게 말할 수 있습니다. "하느님처럼 비효율적인 존재는 없습니다." 인류를 위해 당신 아들을 희생시키시다니, 지금까지도 죄를 짓고 은혜를 모르는 인류를 위해서 말입니다. 의심의 여지없이 구원사의 논리는 이익을 따지지 않는 관대함의 논리입니다. 이 논리는 당위성에 의해서 측정되는 것도 아니고 그것이 가져오는 어떤 이점에 의해서 측정되는 것도 아닙니다.

복음에서 우리는 아주 작은 겨자씨 하나가 커다란 숲을 이

룬다는 말씀을 읽었습니다. 그리고 행동과 그 행동이 낳는 결과 사이의 불균형에 대해서도 우리는 잘 알고 있습니다. 우리는 우리가 지닌 재능의 주인이 우리가 아니라는 사실을 잘 알고 있으므로, 신중하면서도 유능한 종이 되도록 노력해야 합니다. 우리가 받은 사명 안에서 우리는 능력을 발휘해야 하는데, 그 이유는 그 사명이 우리의 일이기 이전에 주님의 일이기 때문입니다. 밭에 뿌려진 말씀의 씨앗은 그 씨앗이 지닌 잠재성에 따라서, 또 그것이 어떤 땅에 떨어졌느냐에 따라서 열매를 맺기도 하고 그렇지 못하기도 합니다. 그렇다고 해서 씨 뿌리는 이가 자기 일을 게을리하거나 부주의하게 해서는 안 됩니다. 하느님께서 거저 주신 재능에 대한 응답으로 우리 인간은 흠숭과 감사를 드려야 마땅합니다. 이 흠숭과 감사에는 공유된 지혜, 곧 말씀이신 주님과 그분의 말씀들of the Word and of words이라는 소중한 선물에 대한 최상의 공경 역시 담겨 있습니다.

잘못된 길로 들어서지 않도록 합시다. 효율성이 그 자체로 가치가 있다든가 혹은 궁극적인 표준이 된다든가 하는 주장은 결코 영원무궁한 논리가 아닙니다. 오늘날 비즈니스 영역에서 효율성이 강조되고 있는데 이는 분명히 소득의 극대화를 위한 것입니다. 우리는 당연히 효율을 추구해야 합니다. 하지만 그 목적은 효율을 통해 얻은 '소득'을 무상으로 제공하기 위함이어야 합니다. 다시 말해 무상으로 제공되는 교육적 과업을 위해서 효율성을 추구해야 하는 것입니다. 여기서 저는 등록금이나 기여금에 대해서 말씀드리는 것이 아닙니다. 제가 말씀드리고 싶은 것은 우리를 지배하는 근본 태도에 관한 것입니다. 예를 들어, 만약 우리가 가난한 사람들 가운데서도 가장 가난한 이들이 돈 걱정 없이 시민의 권리로써 가톨릭 학교를 선택할 수 있도록 할 방법을 찾아낸다면 얼마나 좋겠습니까? 우리의 교육적 과업이 지닌 의미나 효율성을 결정하는 것은 거기에 투입된 자원이나 계산이 아닙니다. 그렇지만 바로 그런 이유 때문에 우리는 교육적 과업에 나름대로의 최선을 다해야 하겠습니다. 예수님도 이러한 차원에 대해서 설명하시면서 탈렌트의 비유(참조: 마태 25,14~30)[28]를 가

28) 역주: 하늘 나라는 어떤 사람이 여행을 떠나면서 종들을 불러 재산을 맡기는 것과 같다. 그는 각자의 능력에 따라 한 사람에게는 다섯 탈렌트, 다른 사람에게는 두 탈렌트, 또 다른 사람에게는 한 탈렌트를 주고 여행을 떠났다. 다섯 탈렌트를 받은 이는 곧 가서 그 돈을 활용하여 다섯 탈렌트를 더 벌었다. 두 탈렌트를 받은 이도 그렇게 하여 두 탈렌트를 더 벌었다. 그러나 한 탈렌트를 받은 이는 물러가서 땅을 파고 주인의 그 돈을 숨겼다. 오랜 뒤에 종들의 주인이 와서 그들과 셈을 하게 되었다. 다섯 탈렌트를 받은 이가 나아가서 다섯 탈렌트를 더 바치며, "주인님, 저에게 다섯 탈렌트를 맡기셨는데, 보십시오, 다섯 탈렌트를 더 벌었습니다." 하고 말하였다. 그러자 주인이 그에게 일렀다. "잘하였다, 착하고 성실한 종아! 네가 작은 일에 성실하였으니 이제 내가 너에게 많은 일을 맡기겠다. 와서 네 주인과 함께 기쁨을 나누어라." 두 탈렌트를 받은 이도 나아가서, "주인님, 저에게 두 탈렌트를 맡기셨는데, 보십시오, 두 탈렌트를 더 벌었습니다." 하고 말하였다. 그러자 주인이 그에게 일렀다. "잘하였다, 착하고 성실한 종아! 네가 작은 일에 성실하였으니 이제 내가 너에게 많은 일을 맡기겠다. 와서 네 주인과 함께 기쁨을 나누어라." 그런데 한 탈렌트를 받은 이는 나아가서 이렇게 말하였다. "주인님, 저는 주인님께서 모진 분이시어서, 심지 않은 데에서 거두시고 뿌리지 않은 데에서 모으신다는 것을

르치셨습니다.

이로써 우리 그리스도인 교사들은 우리가 받은 것들을 온 정성을 다해 거저 내어주는 데에 매진해야 합니다. 사실 우리들도 온 정성이 깃든 그것을 거저 받지 않았습니까? 그리고 이렇게 온 정성을 다해 거저 내어주는 삶의 자세가 우리가 전달하는 내용의 일부를 형성해야만 합니다. 그리스도교적 지혜를 삶의 원칙으로 삼고 자기 소명의 의미와 내용으로 삼으려는 선생님들은, 교실이나 기관 전체의 분위기에 주의 깊게 관심을 기울여야 하며, 매일 학생들과 교류하는 방식에도 주의를 기울여야 합니다. 그리하여 이 모든 여건 속에서 돌봄 그리고 아낌없는 관대함의 분위기를 담아내려고 해야 합니다. 때로는 교사들이 이렇게 너무 희생만 하면 안 되겠다는 유혹을 느낄 때도 있습니다. 하지만 그렇다고 해서 계산된 상호 작용의 분위기, 곧 미리 재보고, 자기 이익을 추구하는 그런 분위기를 추구해서는 안 됩니다. 또 자산, 시간,

---

알고 있었습니다. 그래서 두려운 나머지 물러가서 주인님의 탈렌트를 땅에 숨겨 두었습니다. 보십시오, 주인님의 것을 도로 받으십시오." 그러자 주인이 그에게 대답하였다. "이 악하고 게으른 종아! 내가 심지 않은 데에서 거두고 뿌리지 않은 데에서 모으는 줄로 알고 있었다는 말이냐? 그렇다면 내 돈을 대금업자들에게 맡겼어야지. 그리하였으면 내가 돌아왔을 때에 내 돈에 이자를 붙여 돌려받았을 것이다. 저자에게서 그 한 탈렌트를 빼앗아 열 탈렌트를 가진 이에게 주어라. 누구든지 가진 자는 더 받아 넉넉해지고, 가진 것이 없는 자는 가진 것마저 빼앗길 것이다. 그리고 저 쓸모없는 종은 바깥 어둠 속으로 내던져 버려라. 거기에서 그는 울며 이를 갈 것이다."

감성을 도외시하거나 무시하는 분위기, 학생, 동료 교사, 협력자, 가족 등과 같은 교육 주체들의 노력을 도외시하거나 무시하는 분위기도 피해야 합니다. 우리가 살고 있는 이 시대의 문화는 참교사를 응원하지 않습니다. 그래서 교사들은 매일 고개를 갸우뚱하면서 "이런 것이 다 내게 무슨 상관이지" 하고 의아해할 수 있습니다. 그럼에도 교사들은 깊은 책임 의식으로 우리 모두에게 속한 자산을 낭비하지 않으려 애써야 합니다. 그가 지닌 지식, 그가 다니는 학교, 거기에 참여하는 모든 참여자들, 그리고 그가 받은, 가르치는 소명도 모두 공공의 자산입니다.

이로써 우리는 우리의 세 번째 도전이면서 마지막 도전에 다다랐습니다.

연대의 수월성excellence

경쟁적 개인주의의 논리에서 탈피한 표준이 바로 연대의 논리입니다. 바로 이 부분에서 그리스도교 교육자들이 더욱 의미심장한 공헌을 할 수 있을 것입니다. 왜냐하면 지금 우리 사회는 어디서든 경쟁의 '윤리'ethics가 통용되어 경쟁의 힘을 애써 정당화하지 않아도 될 지경이 되었기 때문입니다.

연대를 위한 교육이란, 학생들에게 착하고 너그러워야 한다고 가르치고, 때로는 기금을 모아서 공공선을 위한 활동에 참여하고, 재단이나 NGO들을 후원하도록 이끄는 것만을 애기하는 것은 아닙니다. 연대의 교육은 공동체의 시선에서 생각하는 새로운 사고방식을 형성하는 일이며, 소수에 의한 재화의 독점을 넘어서서 모든 이와 각 사람들을 우선시하는 사고방식을 형성하는 것입니다. 이 사고방식은 예전에 교회가 선포한 바 있는 사회적 교리 안에서 이미 태동한 바 있습니다. 교회의 사회적 교리는 재산의 사회적 기능과 상품의 보편적 운명을 사유재산에 앞서는 우선적 권리로 간주합니다. 더 나아가 후자는 전자에 예속된다고 봅니다. 이러한 사고방식이 우리 교육기관의 몸과 마음이 되어야 합니다. 교회의 사회 헌장이 죽은 문자가 될 것을 거부하고, 현실에서 그 모습을 드러내야 합니다. 이렇게 현실에서 구체적으로 표현된 사회적 교리는 또 다른 문화, 또 다른 사회의 기틀을 마련해 줍니다. 구체적인 사람들, 곧 하느님의 딸과 아들들을 무분별한 재화의 낭비와 허세로부터 구출해내기 위한 이 싸움은 몹시 긴박합니다.

연대는 감정적affective 태도나 개인적 태도 그 이상으로서, 인간 행동 및 인간 사회를 이해하고 살아내는 하나의 방식입니다. 이상, 실천, 감성, 구조, 그리고 제도에 연대의 정신이 반영되어야만 합니다. 연대는 존재의 다양한 차원에 있어 포괄적인 윤곽이 되기도 합니다. 또 연대는 집단과 집단, 사람과 사람 사이에 놓인 실제적 관계들 안에서 그 모습을 드러내고자 최선을 다합니다. 연대는 사회적 불균형이 가져오는 결과를 완화시키기 위한 개인적 혹은 공적 활동을 요구할 뿐 아니라, 그러한 불균형의 발생 자체를 막는 길을 찾아내려는 탐색도 요구합니다. 물론 사회적 불균형이 생기지 않도록 예방하는 길은 결코 단순하지 않을 것이며, 자신을 위해 이익을 축적하는 모델을 선택한 사람들 그리고 그 모델로부터 혜택을 보던 사람들은 연대를 환영하지 않을 것입니다.

지금에 와서 본질적 연대는 그리스도교 스타일의 고유 상표이자, 진품인증이라 할 수 있습니다. 연대는 가톨릭 교육사업에 참여하는 삶의 형식 및 교육에 대해 생각하는 방식의 요체이기도 합니다. 혁신을 내세우면서 그리스도교를 비판하는 이데올로기는 더 이상 우리에게 필요치 않습니다. 결국에는 새로운 사고방식을 지닌 사람들을 양성하는 데 성공하느냐, 아니면 이 교육사명이 실패로 끝나느냐 둘 중 하나일 뿐입니다. 이를 위해서 우리는 지금까지 우리의 행동을 이끌어왔던 표준들을 재검토해야 하겠습니다. 이를 위해 아래와 같은 질문을 우리 자신에게 던져볼 수 있습니다.

우리 문화의 어떤 부분에서 연대의 흔적을 찾아볼 수 있겠습니까? 민중들 사이에 넓은 마음의 표징들이 존재한다는 사실을 우리는 부정할 수 없습니다. 그런데 왜 그런 연대의 전통이 보다 공정하고 형제자매애 넘치는 사회의 모습으로 표현되지 않고 있습니까? 우리가 건설한 이 나라에서 부활하신 주님의 표징을 어디서 찾을 수 있겠습니까?

이것 또한 목표와 수단의 단절에서 오는 문제가 아닌가 싶습니다. 그래서 이 부분을 조금 더 상세하게 논의해보고자 합니다. 저는 오늘날 교육의 '수월성'에 대해 많은 논의가 이루어지고 있다고 이미 언급했습니다. 그런데 그 수월성에 관한 대부분의 주장들은 비협조적unsupportive이고 엘리트주의적인 관점에서 이루어지는 경우가 많습니다. "돈을 냈으니까 당연히 그만큼 교육의 수월성을 요구할 수 있는 거죠." 안타깝게도 이런 식의 주장들이 무시할 수 없을 만큼 자주 제기됩니다. 그러면 돈을 낼 수 없는 사람은 어떻게 할 것인가에 대해서는 진지하게 물음을 제기하지 않습니다. 심지어 왜 어떤 사람은 수월성 교육을 위한 비용을 지불할 수 있는데 어떤 사람들은 그럴 수 없는가, 그 원인이 무엇인지에 대한 질문들은 아예 하지 않습니다. 인간 행동과 결정의 긴 연쇄 반응에서 나온 다른 수많은 결과들과 마찬가지로, 이러한 상황도 마치 비나 바람과 같은 자연 현상처럼 당연하게, 그저 통계 수치로 여겨지고 있습니다.

수월성에 관한 물음을 완전히 뒤집어서 연대의 수월성을 성취하자고 제안해본다면 어떻겠습니까? 스페인 왕립학회 사전은 '수월성'exelencia이라는 말을 "더 나은 자질이나 선함으로써 어떤 것을 가치 있게 하고 존귀하게 하는 것"이라고 정의하고 있습니다. 더 나아가 고대 그리스에서 수월성은 사회적으로 칭송받는 어떤 질서 속에서 완전을 추구하는 미덕의 개념에 가까운 것이었습니다. 그것은 단순한 칭송이 아니라 칭송받아 마땅한 어떤 자질을 가리키는 것으로서, 행동의 내용 속에서 저절로 드러나는 뛰어난 능력입니다.

이런 견지에서 연대의 수월성을 논하는 그 첫 번째 단계는 연대를 바람직한 선善으로 상정하고, 연대의 기질과 그 실천의 가치를 드높이는 것입니다. 연대의 수월성은 우리가 중시하는 일을 잘 해내는 것을 가리킬 뿐만 아니라 모든 가톨릭 교사에게 맡겨진 사명감을 그 출발점으로 삼는 것을 의미합니다. 이 사명은 심오한 개인적 회심이 마음과 실천을 통한 증언으로 드러날 때 비로소 시작됩니다. 예수님 당신이 제자들의 발을 씻어주시면서 몸소 모범을 보이셨습니다. "주님이며 스승인 내가 너희의 발을 씻었으면, 너희도 서로 발을 씻어 주어야 한다. 내가 너희에게 한 것처럼 너희도 하라고, 내가 본을 보여 준 것이다"(요한 13,14~15).

두 번째 단계는 연대의 완수입니다. 의무감의 미덕에서나 당면한 현실이 부과하는 요구 때문에 우리가 지금까지 해왔던 것보다 훨씬 더 많이 내어놓고 훨씬 더 많이 나아가야 할 순간들이 있습니다. 여기서 우리는 피상적인 연대와 생명력 있는 연대에 대해 이야기해볼 수 있겠습니다. 전자는 단순한 선언, 관대함의 표출, 문제의 진짜 원인을 위선적으로 숨기려는 즉각적인 도움을 말합니다. 피상적인 연대는 거기서 더 나아가지 않고 단순한 감상적 수준에 그치며, 비전이 결여되어 있을 뿐 아니라 얄팍하고 지나치게 천진합니다. 그와 반대로 연대의 수월성은 앞서 언급한 바대로 우리의 생각과 삶의 방식 전체를 의미하며 더 나아가 연대의 실천이 변화를 가져온다고 보는 실제적인 관심입니다.

여기서 왜 연대가 무력한 것처럼 보이는지 그 이유를 생각해봐야 하겠습니다. 그것은 '선하고' '관대한' 것만으로는 충분하지 않기 때문입니다. 연대는 지적이고, 유능하며, 효과적일 필요가 있습니다. 우리 그리스도인들은 사랑의 순수성과 진지함을 지나치게 강조하고 마음의 회심을 아주 많이 강조합니다. 그런 나머지 우리의 형제자매에게 애덕을 베푸는 과정에서 객관적인 성공을 거두는 일은 도외시해왔습니다. 오직 의도만이 중요하다고 여기고, 적절한 개입이나 중재를 무시했습니다. 그런데 좋은 의도만으로는 부족합니다. 가장 도움을 필요로 하는 우리 형제들, 불의와 배제의 희생자들을 위해서는 그것만으로는 부족합니다. '마음만 가지고서는' 그들에게 필요한 도움을 줄 수 없습니다. 그리고 좋은 의도만으로는 우리 자신을 위해서도 부족합니다. 효용성 없는 연대는 그저 죄책감을 약간 덜어주는 데에만 도움이 될 뿐입니다. 우리에게 필요한 것은 보다 높은 목표와 알맞은 수단입니다.

연대와 수월성을 이런 식으로 이해한다면 그 둘을 서로 대치시킬 이유가 없습니다. 예수님의 모범을 잘 따르고자 하는 지혜로운 교사라면 자기 내면에 있는 헌신과 내어줌의 동기들을 잘 식별할 수 있습니다. 그들은 자기 소명과 개인적 능력 그리고 개인적 양성과 공동체적 성찰에 적극적으로 몰두합니다. 그리하여 자기가 맡은 일들에서 어떤 변화를 생성하며 형제자매애가 넘치는 포용적 사회를 추구할 것입니다. 그들은 구체적인 계획을 가지고 이 일에 착수합니다. 이 구체적인 계획의 범위는 학생들 하나하나를 어떻게 대할 것인가 그리고 어떻게 대하는 것이 바람직한 것인가에서부터 시작하여 보다 통합적인 견지에서 교사가 교육공동체에 어떻게 참여하는가의 문제에까지 이릅니다. 또한 교육사업에서 교사가 지닌 동료애와 연대 정신의 문제부터 교사의 윤리적, 영적 선택의 확고함의 문제까지도 이 구체적인 계획에 포함됩니다. 지혜로운 교사는 지성과 사랑이 어우러진 시선으로 학생들을 바라보며 그들 각자가 지닌 최상의 모습을 식별하려고 합니다. 그럼으로써 학생들 안에 미덕의 '수월성'을 증진시킵니다. 바로 이 소명을 통해 교사들은 하느님 나라를 살고 그 나라의 씨앗을 뿌리는 이들로 부르심 받은 것입니다.

이제 우리는 이 성찰의 막바지에 와 있습니다. 오늘날 이 나라[29]에서 우리가 무엇을 공헌할 수 있고 또 공헌해야 하는지를 염두에 두어야 합니다. 그때 우리는 복음이 예수님을 통해 드러낸 지혜의 차원을 모든 생각의 중심에 두어야 합니

29) 역주: 아르헨티나를 지칭한다.

다. 복음이 예수님을 통해 드러낸 지혜는 우리의 모든 교육적 노력들을 연주하는 지휘자와도 같습니다.

그리스도교적 지혜는 윤리적 방향을 식별하거나, 교육과업에 있어 역사적 선택을 내릴 때 우리를 비춰주는 길이요, 진리요, 생명입니다.

여러분들은 말의 잔치에 매여 있지 말고 단단한 바위 위에 집을 지어야 합니다. 이는 우리가 받은 사명의 입장에서 우리 자신을 진지하게 되돌아봐야 한다는 뜻입니다. 가톨릭 학교에서 우리가 또 다른 인간, 또 다른 문화, 그리고 또 다른 사회가 되는 또 다른 방법을 발전시키지 않는다면, 그것은 시간 낭비에 불과합니다. 이 과업을 진전시키기 위해서 저는 우리의 성장을 가로막는 이율배반을 아래와 같은 방법으로 함께 극복해 나가야 한다고 제안하고 싶습니다.

첫째, 어린이와 청소년 안에 자유, 자기 결정, 창조성이라는 "열매를 맺게 하고", 동시에 실질적인 활용이 가능한 능력과 지식을 통해 "결과를 보여주는" 변혁이 일어나도록 해주어야 합니다. 우리의 목적은 원자화된 사회 한가운데에 고립된 평화의 섬들을 건설하려는 것이 아닙니다. 우리의 목적은 사람들을 교육하여 그 사회를 변혁시킬 능력을 갖추게 하는 것입니다. "열매"와 "결과"를 모두 가져오는 능력을 키우는 것입니다.

이 목적을 성취하기 위해서는 주저 없이 복음의 논리, 곧 자비의 논리, 무조건적인 내어줌의 논리를 선택해야 합니다. 하지만 동시에 우리가 가진 자원을 책임 있고 진지하게 운용하려고 노력해야 합니다. 이렇게 해야만 비로소 우리는 무관심과 부주의함으로부터 자유의지에 따른 은총을 선별할 수 있습니다. 다시 말해, 효율성을 겸비한 이타적인 관대함을 선별할 수 있습니다.

최종적으로 만인의 만인을 향한 경쟁이라는 파괴적 윤리를 극복해야 합니다. 연대의 실천을 실천하며 자기중심주의를 효과적으로 공략해야 합니다. 열변을 토하거나 불평을 늘어놓는 것에 머물러서는 안 됩니다. 고양된 목표와 적절한 수단으로 연대의 수월성이라는 이상을 위해 최선의 능력을 쏟아부어야 합니다.

우리는 참스승이신 예수님과 함께하는 교사이자 새로운 지혜의 증인입니다. 이 지혜는 새롭고 영원합니다. 왜냐하면 하느님께서 우리 역사 안에 구현하기 시작한 그분의 나라는 우리로 하여금 우리 인간이 상상하는 그 어떤 탐색과 시도보다 항상 그 이상을 희망하도록 촉구하기 때문입니다. 이러한 우주적 혁신에서 우리는 보다 나은 인류의 씨앗이 될 수 있으며 다가올 세상의 징표가 될 수 있습니다.

그것이 바로 우리의 소명입니다. 물론, 우리는 한없이 연약합니다. 하지만 이 연약함이 오히려 우리를 지켜주시고 격려해주시며 모든 것을 새롭게 하시는 그분, 즉 성령의 힘에 우리들이 신뢰로써 의탁하도록 도와줍니다. 성령께서는 성찬례가 거행될 때마다 살아계신 예수님을 현존케 하십니다. 그러한 주님의 현존은 곧 그칠 줄 모르는 성부의 사랑입니다. 성령께서는 우리를 한데 모으시고 우리가 대담한 마음으로 '교육하는 나라'를 구축하도록 우리를 파견하십니다.

2004년 부활절에
부에노스아이레스에서

혼자서 또는 여럿이서 함께하는 성찰

✔ 묵상해봅시다

“하느님의 육화된 지혜이신 예수님을 바라볼 때, 우리는 어려운 문제들이 우리에게 도전이 된다는 사실을 깨달을 수 있습니다. 이 도전은 희망을 낳고, 행복을 낳습니다. 우리 자신이 바로 새로움을 설계하는 건축가임을 자각할 때, 거기서 행복감이 샘솟습니다. 나아가 이 모든 것들은 우리로 하여금 최선의 노력을 기울이게끔 합니다.”

혼자서 하는 묵상

- 내 생애를 통틀어 나는 누구에게서 지혜의 모델을 찾고자 합니까?
- 나는 도전을 마주할 때 어떤 식으로 반응합니까?
- 가르치는 소명을 통해 내가 내어줄 수 있는 최선의 것은 무엇입니까?

여럿이서 함께하는 묵상

- 우리 문화가 직면하고 있는 가장 큰 도전은 무엇입니까?

- 우리 사회의 태도들 가운데 지혜를 발견할 수 있는 부분은 무엇입니까?
- 교회가 공헌해야 할 혁신은 무엇입니까?

✔ 읽어봅시다

"그러다가 어떤 빈곤한 과부가 렙톤 두 닢을 거기에 넣는 것을 보시고 이르셨다. '내가 참으로 너희에게 말한다. 저 가난한 과부가 다른 모든 사람보다 더 많이 넣었다. 저들은 모두 풍족한 데에서 얼마씩을 예물로 넣었지만, 저 과부는 궁핍한 가운데에서 가지고 있던 생활비를 다 넣었기 때문이다'"(루카 21,2~4).

✔ 생각해봅시다

"이런 이유 때문에 가톨릭 학교의 교육목표에 충실하기 위해서는 지속적인 자기 비평이 필요하다. 기본 원칙으로 되돌아가야 하며, 교회가 교육에 참여하도록 독려한 그 동기들로 되돌아가야 한다. 그것들이 오늘날의 문제에 대한 당장의 해결책을 제시해주지는 못한다. 그렇지만 어디에서부터 오늘날의 문제들을 해결할 것인지에 대한 방향은 제공해준다. 새로운 교육적 통찰들에 대해 고려해야 하며, 종교와 상관없이 인류의 참된 발전을 위해 진실하게 일하는 다른 이들과의 협력도 고려해야 한다"(『가톨릭 학교』, 67항).

✔ 우리의 과업을 살펴봅시다

분명한 사실은 교육 분야에서 우리가 무언가 하고자 할 때 그 유일한 동기는 가능함 직한 또 다른 세상의 새로운 인류에 대한 희망입니다. 이 희망은 그리스도교적 지혜에서 샘솟습니다. 그 지혜는 부활하신 그리스도 안에서 우리가 신성한 지위로 부르심 받았다는 사실을 우리에게 알려줍니다. 우리 그리스도인들이 구체적으로 공헌할 수 있는 바는 새로운 인간됨의 방식을 증언하고 실현하는 교육입니다.

이 목표를 위해 우리는 다음의 세 가지 모순을 극복해야 합니다. 이 모순들은 우리가 직면한 세 가지 도전이기도 합니다.

열매와 결과

우리의 목적은 '사회에 쓸모 있는 개인'을 양성하는 것뿐만이 아니라 '사회를 변혁할 수 있는 사람'들을 양성하는 것입니다.

- 참으로 자유롭고 책임 있는 사람들을 양성하기 위해 우리 교육공동체에서 어떤 부분들을 개혁해야 하겠습니까?
- 학생들의 창의성과 주도성을 키우는 것은 무엇입니까?
- 여러분의 가르침의 일상에서 다음의 태도는 각각 어느 정도의 비율을 차지합니까?

- 대화
- 겸손
- 인내
- 넓은 아량

효율성을 겸비한 넓은 아량

그리스도인 교사로서 우리는 우리가 받은 재능의 주인이 자신이 아니라는 사실을 잘 알고 있습니다. 우리는 선물로 받은 이 재능을 신중하고 효율적으로 운영해야 합니다. 또한 우리가 맡은 사명을 효율적으로 수행해야만 합니다. 왜냐하면 이 일은 우선적으로 우리의 일이 아니라 주님의 일이기 때문입니다.

- 구체적인 과업을 실천함에 있어 어떻게 하면 복음의 메시지를 잘 전달할 수 있겠습니까?
- 그리스도인 교육자만의 고유한 특징은 무엇입니까? 다시 말해서 무엇이 그리스도인 교육자를 그렇지 않은 사람과 차별화시킵니까?
- 넓은 관용의 정신을 어떻게 하면 우리 교육기관에서 효과적으로 증진시킬 수 있겠습니까?

연대의 수월성

연대는 정서적이고 개인적인 태도를 넘어서서 인간의 행위와 사회를 이해하고 살아가는 방식입니다. 연대는 이제 그리스도인들이 교육사명을 제대로 실천하고 있는지 아닌지를 판별하는 일종의 '진품인증' 같은 것이 되었습니다.

- 우리 문화 가운데에 연대의 정신이 깃들어 있는 부분은 무엇입니까?
- 우리나라에서 우리가 파악하는 수많은 관대함의 표징들이 왜 보다 정의롭고 형제자매애가 넘치는 사회의 구현으로 이어지지 않는 것일까요?
- 우리 교육공동체 안에는 어떤 연대의 소통 경로가 존재합니까?

✔ 기도합시다

시편 62장을 함께 기도합시다.

내 영혼은 오직 하느님을 향해 말없이 기다리니
그분에게서 나의 구원이 오기 때문이네.
그분만이 내 바위, 내 구원, 내 성채.
나는 결코 흔들리지 않으리라.
너희 모두는 언제까지나 한 사람에게 달려들어

그를 무너뜨리려 하느냐?
기우는 벽, 넘어지는 담처럼.
진정 그들은 높은 곳에서 그를 떨어뜨리려 꾀하며
거짓을 좋아하는구나.
그들은 입으로 축복하지만 속으로는 저주하는구나. 셀라.

내 영혼아, 오직 하느님을 향해 말없이 기다려라,
그분에게서 나의 희망이 오느니!
그분만이 내 바위, 내 구원, 내 성채.
나는 흔들리지 않으리라.
내 도움과 내 영광이 하느님께 있으며
내 견고한 바위와 피신처가 하느님 안에 있네.
백성아, 늘 그분을 신뢰하여라.
그분 앞에 너희 마음 쏟아 놓아라.
하느님께서 우리의 피신처이시다. 셀라.

진정 사람이란 숨결일 따름 인간이란 거짓일 따름.
그들을 모두 저울판 위에 올려놓아도 숨결보다 가볍다.
너희는 강압에 의지하지 말고 강탈에 헛된 희망을 두지 마라.
재산이 는다 하여 거기에 마음 두지 마라.
하느님께서 한 번 말씀하신 바, 내가 들은 것은 이 두 가지.

능력이 하느님께 있다는 것.

그리고 주님, 당신께는 자애가 있습니다.

당신께서는 각자에게 그 행실대로 갚으십니다.

제 3 장

성숙의 기회

새로운 성숙의 기회

사랑하는 교육자 여러분,

모든 그리스도인들의 중심 축제인 이 시기에, 우리는 다시 한번 우리 모두를 한데 모아들인 교육사명에 대해 성찰하고자 합니다. 우리가 살고 있는 이 시대를 진단해보고, 어떻게 하면 우리의 영적 체험을 재창조해서 이 시대의 물음, 불안, 희망에 알맞게 응답할 수 있을지 알아보려고 합니다.

이러한 노력은 우리에게 반드시 필요합니다. 왜 그런지 가장 분명한 이유부터 말씀드리겠습니다. 지금 우리는 잘못 저질러진 일들이 어떤 결과를 초래하는지, 그리고 이 나라의 현실이 우리에게 부과하고 있는 요청들이 무엇인지를 그 어느 때보다 명백하게 목격하는 그런 처지에 있습니다. 그런데 이것이 우리로서는 하나의 섭리처럼 여겨집니다. 그분의 섭리가 우리로 하여금 참된 정의와 지지支持의 공동체 속에서 우리 자신을 일으켜 세울 새로운 기회를 선사하고 있습니다. 여기서 참된 정의와 지지의 공동체란 모든 이들의 존엄성이 존중되고 자유가 신장되는 공동체, 그래서 모든 이들이 하느님의 딸과 아들로서 자신들의 운명을 성취할 수 있는 그런 공동체를 말합니다.

이 기회는 또한 하나의 도전이기도 합니다. 우리에게 주어진 이 소중한 기회를 함부로 허비해서는 안 된다는 엄청난 책임이 우리 손에 쥐어져 있습니다. 사랑하는 교육자 여러분, 제가 여러분들에게 이미 말씀드렸듯이, 이 과업에서 여러분들이 나누어 맡은 몫이 매우 중요합니다. 이 과업에는 수많은 어려움이 따를 것입니다. 이 과업이 진전됨에 따라 자연스럽게 대화의 자리가 형성될 터인데, 보다 더 솔직히 말씀드리자면, 사실 이 과업은 몹시 고된 토론들을 필요로 합니다. 이렇게 힘겹게 토론해야 하는 이유는 그렇게 해야만 참으로 민주적이며 개방적인 관점에서 공공선에 이바지할 수 있기 때문입니다. 토론을 통해서 우리는 서로 배척하려는 경향을 극복할 수 있으며, 나와 생각과 행동이 다른 사람들이라면 누구든 가리지 않고 험담하고 비난하려는 경향을 극복할 수 있습니다.

저는 여러분들에게 감히 이렇게 주장하고 싶습니다. 우리 아르헨티나 사람들은 오랜 역사에 걸쳐 서로에게 불관용으로 일관했습니다. 심지어 우리가 학교에서 받은 교육도 동포들끼리 싸워 피를 흘린 이야기들로 가득 차 있습니다. 시기마다 어떤 역사적 관점이 공식적인 관점이 되느냐 하는 문제가 있기는 하지만, 19세기 아르헨티나 역사를 기술한 내용들은 어떤 관점에서 바라보았든지 상관없이 모두 동포 간의 상쟁을 다루고 있습니다. 학교 교육이 제공하는 역사 서술에 따르면, 이 같은 동족상잔의 역사적 배경에서, '아르헨티나 공화국'National Organization[30)]이 모든 적대 관계들을 청산하였고, 이를 기점으로 우리가 하나 된 국민으로서 20세기에 진입했다고 되어 있습니다. 하지만 우리는 여전히 서로를 배척합니다. 총을 쏘고, 암살하며, 폭탄을 터뜨리고, 억압하면서, 서로를 '없애버리고' 있습니다. 역사를 기억하는 사람들은 알 것입니다. 제가 방금 선택한 이 동사 어휘들이 단순한 은유적 표현이 아니라는 사실을 말입니다.

이제 와서 우리에게 배움이 가능한 상황이 도래하겠습니까? 우리가 과연 공동체로서 성숙할 수 있겠습니까? 그리하여 마침내 마르틴 피에로Martin Fierro[31]가 개탄스럽게 예언했던 바들, 외부 침입자들이 형제들을 잡아먹고, 더 나아가 형

---

30) 역주: 아르헨티나 공화국(la Organización Nacional)은 1852년 카세로스(Caseros) 전투에서 로시스타 정권(the Rosista regime)의 패배와 1880년 이른바 '1880년대 세대'의 집권 사이를 가리키는 역사적 용어다. 이 시기에 연방파와 통합파의 갈등이 정리되었다. 이 시기는 확연히 다른 두 개의 시기로 다시 구분된다. 처음 10년 동안에 아르헨티나는 두 개의 국가로 나뉘어 있었다. 즉, 아르헨티나 연방과 부에노스아이레스 주로 나뉘어 있었으며 각 국가는 행정부와 입법부를 따로 두고 있었다. 1859년 체베다(Cepeda) 전투에서 부에노스아이레스 주가 패배하고, 1861년 파본(Pavón) 전투에서 아르헨티나 연방이 패배하면서, 두 나라는 하나로 통일되었다. 이 시기 말엽에 국민자치당이 수립되었으며 새로운 통치 주체는 이후 42년 동안 유지되었다.

31) 역주: 아르헨티나의 작가 호세 에르난데스(1834~1889)가 쓴 대서사시의 주인공으로, 이 작품의 첫 번째 부분에서는 7천 행이 넘게, 팜파스에 사는 가우초들의 삶을 묘사하고 있다. 행복하고 자유로운 인생을 즐기던 마르틴 피에로는 변경 지대의 인디언들과 싸우기 위해 징병된 후 너무나 비참해진 나머지 탈영한다. 그의 집이 철거된 것을 알게 된 그는 여기저기 떠돌아다니다 범죄까지 저지른다. 크루즈라는 인물의 도움으로 경찰로부터 도망친 그는 자기가 발붙일 곳이 없는 세상을 등지고 크루즈와 함께 인디언들 사이에서 살게 된다.

제들끼리 서로 잡아먹는 이 고통스러운 현상의 만연에 종지부를 찍을 수 있겠습니까?

그런데 조금 다른 시각에서 보면, 삶과 연대를 키우고, 정의를 외치며, 진리를 추구하려는 모든 종류의 선택과 주도적 활동들이 우리 가운데 생겨나고 있습니다. 이에 대해 저는 하느님께 감사를 드립니다. 그와 같은 개인적, 사회적 에너지 속에서 우리는 하느님의 부르심에 응답하여, 최종적으로는 주님의 은총으로 형제자매의 나라를 건설하는 방법을 찾아 나서야 할 것입니다.

여기에 더해서 그리스도교 신앙공동체는 시대의 징표를 읽으려고 노력해야 합니다. 여러 역사적 상황마다 하느님께서 우리로 하여금 그리스도교 믿음의 구조를 바탕으로 무엇을 하도록 부르고 계신 것인지 이해하려면 말입니다. 우리는 그리스도인으로서, 그리스도인 교사로서, 사목자로서 소명을 받았으며, 수없이 많은 인간의 삶의 여러 국면에서 부활의 증인이 되도록 소명을 받았습니다. 감히 말씀드리지만, 앞서 말씀드린 끊임없는 실행들이 없다면, 우리가 받은 이 소명은 점점 악화되어 결국 진정한 변혁적 가치를 상실하고 말 것입니다. 구원의 말씀은 구체적인 인간의 역사를 통해 우리와 조우합니다. 주님께서는 인간의 역사 속으로 육화하셨으며, 그 안에 교회를 세우셔서 "세상 끝 날까지"(마태 28,20) 복음을 선포하게 하셨습니다. 그렇기 때문에 이 역사의 현장을 벗어

나서 구원의 말씀에 귀를 기울인다는 것은 불가능합니다.

성숙한 공동체는 생명과 삶을 최우선으로 여긴다

여러 지역 교회공동체들이 전하는 소식을 통해 우리는 다음의 사실들을 알게 되었습니다. 첫째, 우리 아르헨티나 사람들은 지금 변화의 시대를 통과하고 있습니다. 둘째, 지금은 그 어느 때보다 진지한 영적, 사목적 식별을 위한 기도와 묵상이 필요한 때입니다.

특히, 성숙의 과정에 있는 어린이 및 젊은이들과 동반하는 책무를 맡은 모든 분들에게 관심을 기울여주시기 바랍니다. 이 사회에서 어린이들이 어떤 현실을 살고 있는지 거기에 다가서려고 하는 것 그리고 우리가 그 안에서 어떤 역할을 할 수 있는지 스스로에게 자문해보는 것이 중요합니다.

우리가 여기서 현실을 이야기의 출발점으로 삼는다면, 두 개의 고통스러운 사건을 빠뜨릴 수 없을 것입니다. 이 두 고통스러운 사건은 우리 사회 전체를 뒤흔들었으며 특히 젊은이들 및 그들과 가까운 사람들에게 큰 충격을 주었습니다. 제가 여기서 말씀드리고자 하는 이 두 개의 고통스러운 사건이란 바로 카르멘 데 판타고네스Carmen de Patagones의 비극[32]과 부에노스아이레스 지방의 온세Once 근교에서 일어난

12월 30일 사건[33]입니다. 물론 두 사건은 서로 별개의 것이지만, 둘 모두 우리 공동체에 어떤 일관된 메시지를 전하고 있습니다. 우리 자녀들에게 도대체 어떤 일이 일어나고 있는 것입니까? 보다 정확하게는 우리 안에서 도대체 어떤 일이 일어나고 있는 것입니까? 아이들이 버려지고 고립되는 이 상황에 대해 우리는 우리의 책임을 다했습니까? 어떻게 해서 우리는 위기를 겪던 청소년들 중 한 명이 아버지에게서 훔친 총기로 친구들을 죽이는 사건이 일어나야만 비로소 문제를 인식하게 되는 것입니까? 사업성에 따른 부주의함과 무책임의 명목으로 끔찍한 나이트클럽 사고가 발생하고 200명에 가까운 사람이 희생되었습니다. 그들 중 대부분은 어린이, 청소년 그리고 젊은이들이었습니다. 어떻게 해서 우리는 아이들을 보살펴야 할 책무를 맡은 사람들의 공감 능력이 한없이 뒤떨어진다는 사실을 사고가 난 후에야 깨닫습니까? 물론, 우리가 그 책임을 판단할 입장에 있지는 않습니다. 하지만 누구의 책임인지 반드시 따져야 하고, 잘못이 있는 사람은 반드시 죗값을 받아들여야 할 것입니다. 그냥 모두의 잘못이라는 식의 궤변으로 이렇게 끔찍한 결과를 낳은 인간의

32) 역주: 2004년 9월 28일에 아르헨티나 남부 도시 카르멘 데 판타고네스 학교에서 발생한 총기 사건으로, 열다섯 살의 학생이 총을 난사해 4명이 죽고, 5명이 부상을 입었다.

33) 역주: 2004년 12월 30일 부에노스아이레스 나이트클럽에서 발생한 화재 사건으로, 이 화재로 인해 194명이 목숨을 잃었다.

행동과 태만을 희석시키는 것은 옳지 않습니다. 우리는 비극이 일어났던 그 달에 거행했던 미사에서 다음과 같이 기도드렸습니다.

"우리는 하느님의 정의를 청합니다. 우리는 가련한 하느님의 백성들이 세속적인 교활함에 조롱당하지 않기를 청합니다. 우리는 주님의 자비로운 손길이 약자들을 어루만져주시기를 청하며 정의가 실현되기를 청합니다. 이 상처는 고통스럽습니다. 어린이와 젊은이들을 대상으로 실험을 할 권리는 어느 누구에게도 없습니다. 그들은 나라의 희망입니다. 우리는 결연에 찬 책임감으로 어린이와 젊은이들을 돌보아야 합니다."

인류가 오래도록 추구해왔던 공공선 내지는 시민의 삶에서, 정치적 기회주의보다는, 책임감과 진중함이 우선시되어야 한다고 우리는 믿고 있습니다. 그렇지만 어린이와 젊은이들을 돌보고, 발전시키며, 교육하는 이 현장에서 눈을 크게 뜨고 우리가 지닌 생각, 정서, 행동 그리고 무관심을 성찰해야 합니다. 그렇지 않으면, 예컨대 12월 30일 화재 사건의 경우도 유흥 시설을 통제해야 한다는 식으로 협소하게 그 문제에 접근할 위험성이 있기 때문입니다. 마찬가지로, 그보다 몇 달 전에 학교에서 일어난 폭력적인 총기 사건 역시 단순한 정신진단학적인 조짐으로 본다든가 의학적, 정신병리학적 관점에서 그 아이들을 하나하나 다 막아야 한다는 식으로 접근한다면 매우 협소한 시각의 접근이 될 것입니다. 제가 지역 치안 유지의 중요성이라든가 보건의료 전문가들의 명백한 공헌을 과소평가하려는 것이 아닙니다. 저는 단지 모든 일이 서로 연결되어 있다는 사실을 여러분들이 간과하지 않기를 바랄 뿐입니다. 또한 우리 모두는, 곧 부모, 교육자, 사목자는 자녀들을 위해 보다 살기 좋은 세상을 만들어야 할 책임과 가능성을 공유하고 있다는 사실을 제대로 인식하고 있기를 바랄 뿐입니다.

이 시점에서 지난 10월에 열린 교사 포럼에서 많은 선생님들과 나누었던 저의 몇 가지 생각들을 여러분들에게 거듭 말씀드리고자 합니다. 교육기관에서 벗어나 있는 아이들의 경우, 그들 옆에 있어주는 것에는 매우 많은 어려움이 따른다는 것을 우리 모두 알고 있습니다. 포럼에서 제가 말씀드린 것처럼, 시장의 압력, 소비와 무분별한 경쟁의 희생제물, 경제적, 사회적, 심리적, 도덕적 자원의 결핍, 피해야 할 더 큰 위험 요인들, 이 모든 것들 때문에, 각 가정들이 제 기능을 하는 것 자체가 매우 어려워졌습니다. 또한 학교는 학생들의 인간 발달을 담아내고 유지하고 증진시키는 고유의 직무를 수행하는 데에 있어 완전히 고립된 처지에 놓이게 되었습니다.

이렇게 학교가 고립되다 보니 불가피하게 학교는 과도한 요구들로 몸살을 앓게 되었습니다. 친애하는 선생님 여러분,

저는 잘 알고 있습니다. 여러분들이, 준비한 것들 외에도 암묵적으로 요구되는 수많은 것들을 그 어깨에 짊어지고 있다는 사실을 말입니다. 수많은 요구들로 인해 여러분들이 얼마나 지쳐 있는지도 잘 알고 있습니다. 여기에 매스미디어까지 가세하고 있습니다. 사실 매스미디어가 도움이 되는지 아니면 혼란만 가중시키는지조차도 사람들은 잘 모릅니다. 왜냐하면 매스미디어가 매우 예민한 문제들조차 경솔하게 다루기 때문입니다. 그들은 신문의 뉴스와 같은 지면에 영화배우들의 내밀한 부분들을 폭로하기도 하고, 현실과는 너무 다른 광고들을 한데 섞어서 내기도 합니다. 그러는 사이 서로가 서로를 믿을 수 없으며 점점 더 통제가 만연한 사회가 되고 있는 듯합니다. 최근 들어 사람들은 다양한 형태의 방치와 남용에 관심을 기울이고 있는데 이는 마땅히 그래야 하는 것입니다. 하지만 사람들이 소문의 근원을 충분히 확인해보지도 않고 비난과 혐오를 쏟아내는 악습에 매달리는 것도 사실입니다. 또 다른 한편으로는, 부도덕한 사람들이 제도와 기관을 수익 모델로 삼기도 합니다.

그렇다면 여러분들은 무엇을 해야만 하겠습니까? 수고하고 짐 진 여러분들께서 도대체 무엇을 해야 하겠습니까? 어떤 선생님께서 이렇게 말한다면 그것은 정당하겠습니까? "제가 할 일은 그저 이런저런 과목을 가르치는 것입니다. 남들이 저를 힐난하도록 내버려두지는 않겠습니다. 저는 제가 맡은 일을 하고, 그들도 맡은 바 자기 책임을 다하면 되지 않겠습니까?" 네, 맞습니다. 우리가 각자 맡은 바 임무를 수행해 나간다면 아주 좋을 것입니다. 예전에는 교사가 부모 대신 아이를 돌봐주는 보모 역할만 하면 되었습니다. 그런데 저는 몇 달 전에 여러분들에게 이렇게 말씀드렸습니다. 이제 선생님들은 보모 역할에 머물 수 없게 되었다고 말입니다. 우리는 모두 부모님께서 잘 먹여주시고 사랑해주시던 어린 시절, 길가에서 친구들과 놀던 어린 시절을 즐겨 회상합니다. 따뜻한 가정 안에서 안녕, 사랑, 돌봄은 늘 곁에 있는 것이었습니다. 언제부터 이런 것들이 사라져버렸는지, 누가 이런 것들을 가로막기 시작했는지, 누가 교육을 망쳐놓았는지, 누가 교육과 노동 사이의 관계를 단절시켰는지, 누가 가정을 약화시켰는지, 누가 권위를 훼손시켰는지, 누가 국가를 분쇄했는지, 누가 우리를 제도적 아노미 상태로 이끌었는지, 누가 이상을 부패시켰는지, 누가 유토피아를 축소시켰는지, 이 모든 것들에 대해 우리는 적어도 한 번 이상씩은 논의를 해보았습니다. 이 문제들에 대해 끊임없이 분석하고, 논쟁하고, 의견을 밝힐 수 있겠습니다. 하지만 논쟁의 대상이 되지 않는 명확한 진실이 하나 있습니다. 그것은 매일 여러분들이, 살과 피를 지녔으며, 가능성, 욕망, 두려움, 단점들을 지닌 아이들을 마주 대하고 있다는 사실입니다. 이 아이들은 몸과 영혼을 지닌 있는 본연의 모습으로, 그들이 살아가는 방식 그대로 우리 어른들 앞에 있습니다. 그들은 제 맘대로 요구하고, 바라고, 비난하고, 간청합니다. 그러면서도 그들은 한없이 외롭고, 도움을 필요로 하며, 겁에 질려 있고, 여러분들에게 속마음을 털어놓기도 합니다. 겉으로 보기에는 무관심해 보이고, 어른을 무시하는 것처럼 보이며, 화가 나 있는 것처럼 보이지만 그들은 누군가 그들에게 새로운 무언가를 제공할지 아니면 면전에서 또 다시 문을 닫아버릴지를 면밀하게 지켜보고 있습니다.

어른들에게 부과된 이 엄청난 책임은 윤리적 판단 그리고 양심적이지만 매우 힘겨운 헌신을 필요로 합니다. 뿐만 아니라, 보다 근본적으로는 적절한 수준의 인격적 성숙이 필요합니다.

사람들은 이제 아르헨티나에서 성숙을 찾아보기 힘들다고 종종 이야기합니다. 우리 사회는 우리 세대 앞에 아무도 존재하지 않았던 것처럼 원점에서 다시 출발하고 싶어 하며, 우리를 하나로 묶어줄 수 있는 것이 눈에 빤히 보이는데도 우리를 분열시키는 것만 강조하고 싶어 합니다. 우리는 늘 의심의 눈길로 서로를 반대할 구실을 찾습니다. 돌팔매질을 해놓고선 손을 숨기면서 딴청을 피우기도 하고, 나지막이 휘파람을 불어놓고 결정적인 순간에는 다른 곳을 쳐다보며 아닌 척합니다. 애국심과 정의감에 대해 열변을 토하지만 책상 밑으로는 돈 봉투를 건네주면서 잘 봐달라고 청탁을 합니다.

성숙에 대한 성찰은 우리 모두에게 도움이 될 것입니다. 그것은 우리가 성찰을 통해 성숙할 수 있기 때문이기도 하지만, 좀 더 개방적인 시각으로 우리 자신을 돌아보기 위해서이기도 합니다. 어쩌면 성찰을 통해 십대들이 우리를 바라보는 시선도 이해할 수 있지 않겠습니까? 그렇게 함으로써 우리는 우리가 할 수 있는 만큼은 우리 자신의 행동과 태도들을 수정해 나갈 수 있을 것입니다.

성숙은 성장 그 이상이다

성숙의 구성 요소를 정의하기는 쉽지 않습니다. 우선 성숙은 단순한 개념이 아니라 일종의 은유라고 볼 수 있습니다. 어쩌면 과일 농장에서 비롯된 은유일지도 모릅니다. 정확한 것은 저도 잘 모르겠습니다. 하지만 만약 그렇다면 사과나 복숭아와 인간은 근본적으로 다르다는 점을 곧바로 언급하고 싶습니다. 과일이 잘 자라는 과정은 유기체 내에서 미리 결정된 유전적 프로그램 그리고 기후, 벌레, 새, 바람에 의한 꽃의 수분, 습도, 흙의 자양분과 같은 알맞은 주변 조건에 직접적으로 달려 있습니다. 반면에 인간의 성숙은 유전이나 양육에만 달려 있는 문제는 아닙니다. 물론 여러분들이 인간을 아메바나 선인장과 같은, 다른 생명체랑 별 다를 것 없는 존재로 여긴다면 더 할 말이 없겠지만 말입니다.

가끔씩 우리는 과학적 발견들을 읽으면서 유전자가 모든 것을 결정한다는 인상을 받을 때가 있습니다. 물론, 머리카락이 곱슬머리인지 아닌지는 유전자에 의해서 결정됩니다. 그런데 마치 유전자 때문에 다섯 살 때 유치가 처음 빠지게 될 것이라든가, 유전자 때문에 불행한 학창 시절을 보낼 것이라든가, 유전자 때문에 가난해질 것이라든가, 유전자 때문에 사교적인 사람이 될 것이라든가, 유전자 때문에 미래의 언젠가 장모님을 죽이게 될 것이고, 유전자 때문에 사십 대에 심장마비로 죽게 될 것이라든가 하는 식으로 받아들이기까지 하는 경우도 있습니다.

만약 성숙함도 유전자 기호에 이미 담겨진 어떤 것의 발현에 지나지 않는다고 한다면, 우리가 성숙함을 위해 할 수 있는 일은 많지 않을 것입니다. 스페인 왕립학회 사전은 '성숙함'madurez의 두 번째 의미를 "좋은 판단 또는 신중함, 분별력"이라고 제시합니다. 성숙을 좋은 판단 또는 신중함, 분별력이라고 바라볼 때, 우리는 우리 자신이 생물학의 세계와는 매우 다른 어떤 세계에 있다는 사실을 발견하게 됩니다. 왜냐하면 신중함, 좋은 판단, 분별력 같은 것은 단순히 성장의 양적 요인들에 달려 있는 것이 아니기 때문입니다. 좋은 판단, 신중함, 분별력은 거기에 연관된 모든 요인들이 인격의 내면에서 종합될 때 비로소 가능해집니다. 더 정확히 말하자면 이것들은 자유의 한복판에서 생겨납니다. 성숙을 이렇게 바라보기 시작한다면, 성숙에 대한 우리의 성찰이 훨씬 더 흥미롭고 풍성해집니다. 성숙은 우리의 자유를 분별력 있고 신중하게 사용할 수 있는 능력으로 볼 수 있습니다. 그럼으로써 성숙에 대한 생물학적 환원주의, 그리고 더 나아가서는 심리학적 관점에서 벗어나, 윤리적 성찰을 담아낼 수 있게 됩니다. 물론 이것은 어느 한 관점을 취사선택하는 문제는 아닙니다. 정해진 유전 프로그램이 없었다면 우리는 결코 인간이 될 수 없었을 것입니다. 마찬가지로 심리학의 대상인 인간의 기능적인 능력들이 없었다면 우리는 결코 성숙을 윤리적 견지에서 논할 수 없을 것입니다. 인간은 이 모든 다양한 차원을 다 품고 있습니다. 사목자인 제가 여러분들에게 심리학 강의를 하는 것은 주제넘은 것 같으므로, 여기서 저는 우리의 자유로운 행동에 방향을 제시해줄 몇 가지 생각들을 여러분들과 나누고자 합니다.

분별력과 신중함을 논하다 보면, 말, 대화, 가르침에도 성숙함과 관련해 논할 것들이 많습니다. 분별력 있고 신중하게 일을 시작하기 위해서는 많은 경험을 쌓고, 많은 결정을 내려보았으며, 삶의 여러 도전에 있어 다양하게 대응해보았어야 합니다. 분명한 것은 신중함은 늘 시간을 필요로 한다는 사실입니다. 생물학적, 심리학적 입장에서 보더라도 성숙은 곧 시간을 의미합니다.

성숙한 사람이란 자유를 일정한 방식에 따라 사용할 줄 아는 사람이라고 말씀드렸습니다. 그렇다면 저절로 이런 의문이 듭니다. 그 일정한 방식이란 무엇입니까? 여기서 또 다른 물음들이 터져 나옵니다. "성숙함을 판단하는 어떤 심사위원회 같은 것이 존재합니까?" "어떤 것이 분별력 있고 신중한 것인지를 도대체 누가 판단합니까?" "다른 사람들이 판단해 줍니까?" "아니면 자기의 경험과 성향에 따라서 스스로 판단합니까?" 우리는 먼저 성숙을 시간과 연관시킬 수 있어야 합니다. 그 다음에는 우리 자신을 개인과 타인의 갈등이라는 맥락에 놓고 볼 수 있어야 합니다. 성숙은 시간 속의 자유이면서 동시에 사회 속의 자유이기 때문입니다.

여기서 저는 하나의 궤도를 제시하고자 합니다. 여러분들이 이 궤도를 따라가다 보면 성숙성을 보다 개방적인 관점에서 이해하게 될 것입니다. 그리고 궁극적으로는 성숙의 최종적 지평, 곧 상호 주체성과 사회성을 초월하는 지평인 하느님의 초대에 닿게 될 것이며, 종교성, 곧 거룩함이라는 윤리적 성숙을 향해 개방될 것입니다.

하지만 너무 앞서 나가지 않도록 합시다. 아직 우리의 이 성찰은 '덜 익은' 상태이기 때문입니다.

성숙은 시간을 들인 경험을 필요로 한다

어떤 것이 덜 익은 상태에서 벗어나 완전히 성숙해지기 위해서는 서두르지 않는 것이 중요합니다. 겉보기에는 멀쩡한데 맛이 없는 냉장 저장 과일을 먹고 실망하는 경우가 얼마나 많습니까? 냉장 저장 과일들은 추수에 알맞은 때까지 기다려야 할 시간까지 기다리지 않고 미리 따서 보관한 것들이기 때문입니다.

과일과 비교했을 때 분명한 차이점이 있기는 하지만, 윤리적인 측면에서, 인간의 성숙도 역시 시간을 필요로 합니다. 다양한 학파의 심리학자들도 서로 다른 입장들을 초월해서, 도덕의식이 여러 단계와 다양한 계기를 통해서 발달하는데, 분명 긴 시간에 걸친 발달이라는 점에 동의하고 있습니다.

이를 다음과 같이 요약할 수 있습니다. 성숙에 이르기 위해서는, 다시 말해, 참으로 자유롭고 책임 있는 결정을 내릴 수 있기 위해서는, 반드시 우리에게 시간이 주어지거나 아니면 앞으로라도 주어져야 합니다.

자유를 형성하는 데에 있어 필수적인 작용들은 시간을 두고 이루어집니다. 기다리는 능력이 바로 그 예입니다. 어린 아이들은 “지금 당장” 해달라고 보챕니다. 또 우리가 흔히 미성숙하다고 여기는 사람들도 역시 “지금 당장” 해달라고 보챕니다. 기다릴 줄 아는 법은 우리가 꼭 배워두어야 할 가장 중요한 덕목들 가운데 하나일 것입니다. 꼭 그렇지 않다고 하더라도, 어쨌든 즉각적인 욕구 충족에서 벗어나 기다림, 상징과 이성적 행동의 중재로 나아가는 것은 우리를 인간답게 하는 요인입니다. 인간은 자극이 있다고 해서 반드시 거기에 즉각적이고 자동적으로 반응하지는 않습니다. 바로 그 자극과 반응 사이에 열린 공간에서 우리 인간은 모든 문화를 건설합니다.

이는 긴 배움의 여정을 의미합니다. 생물학적인 요소들 그리고 정신적인 요소들에서 출발해 성숙해지는 능력들이 바로 그 여정의 바탕이 됩니다. 가끔씩 우리는 고통을 느끼지 않는 경지에 이른 어떤 '나이 많은 현인'의 이미지를 떠올리곤 합니다. 그런 현자의 이미지에는 동양적 세계관이 전형적으로 제시하는 몇 가지 두드러진 특징들이 있습니다. 꼭 그런 것이 아니더라도, 분별력 있고 신중한 사람들은 모두 당장의 사태와 압박에 거리를 둡니다. 최소한 그들은 즉각적인 충동에 휘둘리지 않습니다. 신중하고 성숙한 사람들은 행동에 앞서 생각을 합니다. 그들은 서두르지 않습니다.

확실히, 이 모든 것들은 오늘날과 같은 디지털 문화에서는 일어나기 힘든 일련의 작용들입니다. 성찰의 시간은 컴퓨터 게임이나 온라인 통신에서처럼 지각하자마자 즉각적으로 반응하는 종류의 것이 아닙니다. 컴퓨터 게임이나 온라인 통신과 같은 작용에서는 "연결되어 있다든지" 혹은 "신속하게 움직인다든지" 하는 것이 중요할 뿐입니다. 그렇다고 해서 아이들이 전자기기를 사용하지 못하게끔 해야 한다든가 하는 그런 주장은 아닙니다. 그것보다는 아이들이 자기 내면에서 여러 가지 다양한 논리를 구별하고 인생의 모든 측면에 '디지털 스피드'라는 한 가지 기준만을 적용하지 않을 수 있도록 능력을 키워줄 방법을 찾아야 한다는 뜻입니다.

우리 스스로도 즉각적인 자극-반응으로 치우치려는 경향들을 경계하려고 노력해야 합니다. 미디어에서 비롯된 여론의 부상을 그 예로 들 수 있겠습니다. 모든 사람들은 모든 문제에 대해서 저마다의 의견을 갖고 있습니다. 그들이 그 문제에 대해서 잘 알고 있든 아니든, 판단의 근거를 갖고 있든 아니든 사람들은 나름의 의견을 갖습니다. 우리는 매일 잠정적이며, 쉽게 동요하고, 일관성 없는 생각들을 품고 있습니다. 어떻게 하면 우리가 생각하고, 대화하고, 의견을 교환할 수 있는 공간을 마련하여 견고하고 책임 있는 입장을 구축할 수 있겠습니까? 우리는 이미 정보사회의 일부로 살아가고 있기 때문에 거기에서 완전히 벗어날 수는 없습니다. 그렇지만 우리는 여전히 시간을 갖고 분석하고, 가능성들을 펼쳐보고, 결과를 상상하면서, 관점을 교환하고, 다른 사람들의 의견을 경청할 수 있습니다. 그리하여 어떤 논변적discursive[34] 틀을

---

34) 역주: '비량적'(比量的)이라고도 한다. '직관적'에 상대되는 말이다. '이리저리 돌아다니는 것'을 의미하는 라틴어 'discursus'에서 유래되었다. 직

구성할 수 있습니다. 그리고 이 논변적 틀을 토대로 신중한 결정을 내릴 수 있습니다.

천천히 기다린다는 것은 천천히 만들어나간다는 뜻이기도 합니다. 참으로 중요한 것들은 시간을 필요로 합니다. 일을 배우는 것, 사람을 알아가고 오래 지속될 사랑과 우정의 관계를 맺는 것, 꼭 필요한 것들 중에서 중요한 것을 추려낼 줄 아는 것 등이 모두 그렇습니다.

여러분들도 잘 알다시피 교실에서는 재촉해도 되지 않는 일들이 있습니다. 모든 아이들은 자기만의 때가 있으며, 모든 집단은 자기들만의 리듬이 있습니다. 지난해에 저는 여러분들에게 "열매 맺기"yielding fruits와 "결과 생산"producing results의 차이점에 대해서 말씀드렸습니다. 그 차이점들 가운데 하나가 바로 각각의 목표에 담긴 시간의 특성입니다. 결과를 생산할 때는 시간을 예측한다든가, 시간을 합리적으로 쓴다든가, 시간을 효율적으로 쓰는 것이 가능합니다. 그런데 열매를 기다릴 때는 그렇게 할 수가 없습니다.

그것은 그저 기다림입니다. 시간, 리듬은 우리 손에 달려 있는 것이 아니기 때문입니다. 열매를 맺기 위해서는 겸손, 인내, 관심과 경청이 필요합니다.

복음은 우리에게 서두르지 않는 아름다운 성가정의 이미

관에 의해 단번에 대상을 파악하는 것이 아니라, 판단·추리 등을 반복하는 것에 의해 대상을 파악하는 사고를 말한다.

지를 보여줍니다. 성가정은 예수님께서 "지혜와 키가 자랐고 하느님과 사람들의 총애도 더하여 가며"(루카 2,52) 성숙하도록 기다렸습니다. 하느님 당신도 '당신 구원의 역사'에서 시간이 가장 중요한 중심축이 되게 하셨습니다. 하느님의 백성인 우리의 기다림은 마리아와 요셉의 기다림에 압축적으로 상징되어 있습니다. 마리아와 요셉은 이 아이가 시간을 갖고 천천히 자기의 정체성과 사명을 성숙시킬 때까지 기다렸습니다. 어른이 된 예수도 '자기의 때'를 기다리는 것을 공생활의 본질적 차원으로 삼았습니다.

과일은 시간이 지나야 익습니다. 그리고 인간도 자유 안에서 성숙하려면 시간을 필요로 합니다. 그렇다면 이 둘 사이에는 어떤 차이가 있습니까? 이렇게 중요한 역할을 하는 시간이 우리에게는 과연 어떤 작용을 합니까?

시간은 본질적입니다. 그런데 이는 시간이 양적 차원에서 과거에서 현재 그리고 미래로 계속 흘러가기 때문만은 아닙니다. 왜냐하면 시간은 경험이기 때문입니다. 그런데 시간이 경험이 되기 위해서는 '겪은 바를 경험으로 만드는'making an experience of experience 기회를 가져야만 비로소 가능합니다. 다시 말해서, 이는 그저 어떤 일들이 일어나는가의 문제가 아니라 일어난 일들이 주는 의미와 메시지를 잘 이해하느냐의 문제입니다. 시간은 영적 활동 안에서 의미를 띱니다. 왜냐하면 영적 활동 속에서 기억, 공상, 직관 및 판단력 등이 실제로 작용하기 시작하기 때문입니다. 성 아우구스티노만큼 이것을 심오하고 아름다운 방법으로 면밀하게 살펴본 사람은 아마 없을 것입니다.

> 도대체 시간이란 무엇인가? 이런 질문을 받지 않았을 때, 나는 막연히 대답을 알고 있는 것 같았다. 그러나 이 질문에 대해 설명하려니 비로소 답을 모르고 있다는 사실을 깨달았다. 과거와 미래 그것들은 무엇인가? 과거는 이미 흘러 지나갔기에 없으며, 미래는 아직 오지 않았기 때문에 없다. 세 가지의 시간이 있는데, 과거의 현재, 현재의 현재 그리고 미래의 현재이다. 오직 영혼에만 이 세 가지 시간이 존재하며 다른 곳에는 존재하지 않는다. 과거의 현재는 '기억'(memory)이고, 현재의 현재는 '관조'(vision)이고, 미래의 현재는 '기다림'(waiting)이다.
>
> :: 『고백록』, 11권[35]

인간 존재의 성숙은 생물학적 프로그램의 객관적 경과보다 훨씬 깊습니다. 성 아우구스티노는 성숙을 "영혼의 확장" distention of the soul이라고 말했습니다. 다시 말해 시간의 경험 자체는 오직 영혼 안에서만, 또 영혼의 움직임과 활동을 통해서만 발생합니다. 시간을 두고 성숙해진다는 것은 "기

35) 역주: 인용의 단따옴표(' ')는 강조를 위해 저자가 추가한 것이다.

억" "관조" "기다림"이 모두 작용하도록 하는 것입니다. 아무 생각이 없는 사람들, 밖에서 무슨 일이 벌어지는지 또 자기 내면에서 어떤 일이 생기는지 관심이 없는 사람들에게, 시간은 그저 아무런 느낌 없이 흘러가버리는 것에 지나지 않습니다. 만약 기억이 없다면, 우리는 밀도가 없는 지금 이 현재만을 살게 될 것입니다. 이때, 현재는 그저 텅 빈 시작일 뿐입니다. 이런 견지에서, 미성숙하다는 것은 이제 막 여기에 도착한 사람과 같습니다. 현실의 도전에 대응할 필요 앞에서, 기억하고 숙고하는 경험의 도움을 받을 수 없는 사람처럼 되는 것입니다.

가끔씩 우리는 우리 자신을 가리켜 아직 미성숙한 국민이라고 말할 때가 있습니다. 그런데 이것은 아르헨티나의 역사가 짧아서 그런 것이 아닙니다. 그것은 우리가 역사를 곱씹어보지 않았기 때문일 것입니다. 우리가 역사로부터 배우지 못하고, 늘 같은 길을 되풀이해서 가려는 관성을 따랐기 때문입니다. 우리는 배울 줄을 몰랐습니다. 수많은 가르침을 담고 있는 이전의 경험을 바탕으로 우리 자신을 다듬는다든가 수정한다든가 하지 않았습니다. 그리하여 우리에게는 속이 텅 빈 현재만이 남게 되었습니다. "모든 것을 지금 당장"이라는 식의 현재, 소비주의와 낭비의 현재, 쉽게 돈 벌고 싶은 욕망이 강렬한 현재, "누가 기억하겠어?"라는 식의 무책임한 현재, 자기 보호의 현재, 상호 불신과 회의주의로 가득 찬 지금 당장의 현재만이 남게 된 것입니다.

기억을 불러오는 것, 즉 열린 태도로 승리와 실패, 행복한 순간이나 고통의 순간에 대한 기억을 모두 간직하는 것만이 철없는 어린아이처럼 되지 않는 유일한 방법입니다. 기억을 성찰하지 않는다면, 미숙하고, 상처받기 쉬우며, 눈길을 끄는 것들에 쉽게 현혹되어 피해자가 되는 그런 철없는 어린아이처럼 될 수 있습니다. 혹은 더 슬프게도, 잘 믿지 않고, 씁쓸함으로 가득 찬 늙은이들처럼 될 수도 있습니다. 기억하고 싶은 것만 골라서 기억하는 것 역시 성숙에 이르지 못하게 합니다. 선택적 기억은 사실, 핵심 순간, 인생 사연 등을 균열시키고, 전체성을 훼손합니다. 그리하여 절반은 실제로 살아진 진실이며 절반은 환상, 이데올로기, 욕망 혹은 판타지인 일종의 신화적 야수가 창조됩니다. 기억의 조작은 결코 순수하다고 볼 수가 없습니다. 그것은 정직하지 않은 것입니다.

성 아우구스티노가 미래의 현재라고 지칭한 기다림에 대해서도 생각해봅시다. 우리가 어디로 나아가야 할지 모르는 상태라면, 경험이나 분별력을 어떻게 얻을 수 있겠습니까? 눈에 보이는 여러 가능성들 중에서 반드시 하나를 선택해야 한다면, 먼저 어느 방향을 응시해야 할지 정해야 합니다. 그런 지향점이 없다면, 즉, 어떤 씨앗을 심을지, 어떤 집을 지을지, 어떤 것에 투자할지 알지 못한다면, 경험이나 분별력은 실현될 수 없습니다. 성숙의 시간적 측면은 기다림의 확장을 고려해야 한다는 뜻이기도 합니다. 기다림의 확장이란 다름 아닌 욕구를 희망으로 변환시키는 것을 말합니다. 우리가 자유롭게 선택할 수 있는 유일한 현실은, 결정을 내리는 지금 현재뿐입니다. 그런데 아주 작은 움직임들 안에서 우리가 무엇을 바라는지 알 수 없다면, 그리고 오늘 우리가 손에 쥔 작은 씨앗들을 발견할 수 있는 능력이 없다면 우리에게 주어진 이 유일한 현실인 현재는 희석될 수밖에 없습니다. 그 안에서 이미 태동하기 시작한 기대들을 성장시키지 못한다면, 씨앗들은 내버려지고, 작은 움직임들은 상실될 것입니다. 그렇게 되면 우리가 바라는 선한 일들, 잘 자랄 것이라고 기대하며 여태까지 기다려왔던 그 선한 일들도 사라져버릴 것입니다. 그래서 성 아우구스티노는 현재는 "관조"vision라고 하셨습니다. 있었던 일들에 대한 관조, 지금 있는 일에 대한 관조, 그리고 무엇보다도 앞으로 있을 일들에 대한 관조라고 줄곧 말씀하셨습니다. 관조는 자유의 영역이자 영성의 영역이며, 그 안에는 성숙의 필수 요소인 상호 보완성의 차원이 근간을 이루고 있습니다.

인간 영혼 안에서 과거, 현재, 미래가 접속하지 않는다면, 계획은 불가능해지고 즉흥적인 임기응변만 남게 됩니다. 지난 일을 싹 지우고 다시 쓰는 일만 남을 것이며 무언가를 붙잡아주고 지탱해줄 만한 것들도 사라질 것입니다. 오늘 새롭게 적힌 것들도 내일이면 지워지고 말 것입니다. 그러니 계획하고 기다리는 것 그리고 노력과 기다림을 유지할 줄 안다는 것은 결국 시간과 관련된 것이 아니겠습니까? 이 성찰의 제일 처음 지점으로 되돌아가봅시다. 우리 어린이들과 청소년들은 바로 그 부분에 있어서 전혀 보호받지 못한 상태로 끔찍하게 노출되어 있지 않습니까? 그들은 정체성을 수립하고 선택권을 형성시키는 서사narrative 없이 삶과 맞닥뜨리고 있지는 않습니까? 그렇다고 해서 대중적으로 잘 알려진 진부한 이야기들의 결말로 회귀하자는 얘기는 아닙니다. 눈사태처럼 쏟아지는 소비 품목들을 '약속의 땅'이라고 여기는 망각과 환상 그리고 경제 원칙에 대한 맹목적인 확신에 바탕을 두고 있는 성공 신화의 결말은 '시간성이 배제된' 단일한 이야기의 폭력적 강요에 지나지 않습니다. 이는 어느 누구도 확인한 바 없는 서사이며, 오직 기억을 묻어버리고, 희망을 비하함으로써 억지로 믿게 되는 서사입니다. 이데올로기가 모든 인간 활동의 중심이 되는 경우가 바로 그렇습니다. 이데올로기는 기억, 현실, 관조를 모르는 독단으로 우리를 강제합니다. 오늘날 청년들의 진보주의는 진보를 표방하면서 모든 진정한 인간의 진보를 가로막고 있습니다. 그것들은 기억, 현실, 관조가 없는 사이비 진보를 위해서 다양한 전체주의적 책략을 구성합니다. 20세기 획일적 사고를 강요하는 민주주의 지도자들이 이끌었던 전체주의가 그랬듯이 그들의 진보주의는 잔인합니다. 이러한 전체주의적 사고는, 마치 통조림 음식이 신체적 성장을 교란시키듯이, 사람들과 나라의 성숙 과정을 교란시킵니다.

오늘날 우리는, 어른들의 방향 상실이 가져오는 가장 끔찍한 결과에 대해 각성할 계기를 갖게 되었습니다. 그 끔찍한 결과는 바로 '어린이들의 죽음'입니다. 과거가 없다면 아무것도 배울 수 없습니다. 그리고 미래가 없다면 아무것도 각오할 것이 없고 아무것도 준비할 것이 없습니다. 우리는 모두 허무의 끝에 매달려 있을 것이며, 커다란 화면에 펼쳐진 거짓된 무시간성atemporality에 매달려 있게 될 것입니다. 오늘이 전부이고 지금이 전부인데 다른 무엇이 중요하겠습니까? 그래서 대박을 터뜨리지 못한 사람들은 갈 길을 잃습니다. 그들에게는 거처가 없고 시간도 없습니다. 그들은 길거리를 헤매며, 아무도 그들을 주목하지 않게 됩니다. 떼를 지어 몰려다니면서 구걸하는 어린이들, 동전 몇 개를 빼내려고 공중전화 박스를 두드려대는 어린이들을 보십시오. 그들은 '시간'이 없는 어린이들입니다. 그들에게 꼭 필요했던 '시간'이 주어지지 않은 어린이들입니다. 기다릴 줄 모르고, 기다리는 법을 어디서 배워야 할지 모르는 청소년들도 마찬가지입니다. 부모가 없거나 있으나마나한 부모를 둔 청소년들, 사회가 배척하거나 추방한 이 청소년들은 대개 피부색에 따라서 무리지어 다닙니다. 우리 사회는 이들을 피해자로 규정하기도 하고 가해자로 규정하기도 합니다. 그러나 만약 우리 공동체가 이 청소년들에게 필요한 것들을 기꺼이 내어주었다면, 이들은 미래로 충만한 주체가 되었을 것입니다.

이러한 '즉시주의'immediatism는 청소년들로 하여금 오늘 당장 물건을 사서 누려야 한다고 생각하게 만듭니다. 기업 입장에서는 물건을 오늘 당장 팔아야 합니다. 그 아이가 내일 죽든, 살든, 잘 성장하든 아니든, 배움이 일어나든 아니든 그런 것은 중요하지 않습니다. 현재의 분노가 유일한 지평인 청소년들은 많은 경우에 오늘 당장 1달러를 갖고 싶은 충동으로 인해 희생자가 되거나 가해자가 됩니다. 그들은 목적과 상관없이 수단과 방법을 가리지 않고 지금 당장 1달러를 얻어내려고 합니다. 최악의 경우에 이들은 1달러를 얻기 위해 자기 목숨이나 다른 사람의 목숨을 담보로 내놓습니다. 그들에게 내일은 의미가 없기 때문입니다. 그들에게는 오직 오늘만이 있을 뿐입니다. 그래서 약간의 돈 때문에 사람을 죽이는 극단에 치닫기도 합니다. 이것은, 물론 돈의 액수는 훨씬 더 크지만, 어른들이 돈 때문에 죽음을 조장하고 야기하는 양상과 동일합니다.

영혼의 확장distension이 없을 때에는, 지금 당장을 사는 것만이 삶의 법칙이 됩니다. 과거가 '기억'이 되지 못할 때, 미래가 '기다림'이 되지 못할 때, 현재는 '관조'가 아닌 치명적 맹목성이 됩니다. 좀 더 정밀하게 결론을 내리자면, 서두르지 않고 시간을 갖는다는 것은 자신을 그저 있는 그 상태로 방치하지 않는다는 뜻입니다. '깨어 있음'vigilance이야말로 기다림의 본질적 측면입니다. 예수님도 당신의 때를 주의 깊게 기다리셨습니다. 주인을 기다리는 종의 비유, 신중하고 슬기롭게 신랑을 기다리는 열 처녀의 비유 등 예수님께서 제자들에게 가르쳐주신 기다림의 이미지들은 매우 풍성합니다. 바로 여기서 우리는 현재가 지니는 잠재성을 발견할 수 있습니다. 즉, 현재는 '관조'일뿐만 아니라 '은총'이기도 합니다. 우리는 현재를 선물로 받았습니다. 이렇게 우리에게 현재라는 은총이 주어진 까닭은, 그 시간을 부질없이 과거로 흘려보내라는 뜻이 아니라 실천을 통해 미래로 일구어나가라는 뜻입니다.

그리하여 본 장의 결론은 다음과 같습니다. 자유는 책임 있는 자유일 때 비로소 완전하게, '성숙하게' 성취됩니다. 바로 그때, 시간의 세 가지 차원인 기억, 관조, 기다림이 한 지점에서 만나게 됩니다. 과거부터 현재까지 무엇을 했는지 또 무엇을 안 했는지 알아차리고, 현재 이 순간에 알맞은 결정을 내리고, 현재부터 미래까지 있을 결과를 가늠해보는 자유, 그것이 바로 성숙한 자유입니다.

성숙은 자유를 의미한다

성숙의 두 번째 차원은 '개인과 공동체 사이의 긴장'과 관련이 있습니다. 나는 남이 없으면 존재할 수 없고, 남도 내가 없으면 존재할 수 없습니다. 그 사이에는 애초부터 어떤 긴장이 존재하고, 그 긴장은 불가피합니다. 여기서는 이 주제에 암묵적으로 담겨 있는 근본적 물음들은 잠시 논외로 하고자 합니다. 그와 같은 근본적 물음들은 이미 성서적 인간학의 관점에서, 다시 말해, 고유한 인격체이면서 동시에 사회적 존재인 인간에 대한 성서적 인간학의 관점에서 이미 충분히 다루어졌기 때문입니다. 그 대신 우리는 '성숙한 인간이 된다는 것'과 '사회에 맞추어진 사람이 된다는 것' 사이의 관계를 깊이 있게 성찰하고자 합니다. 여기서 '성숙하다'는 의미는 앞서 언급한 바대로 스페인 왕립학회 사전이 제시한 두 번째 의미, 곧 훌륭한 판단력, 신중함 그리고 분별력을 소유하고 있다는 뜻입니다. 첫눈에 금방 따져보아도, 성숙은 '적응'adaptation과 관련이 있는 것으로 보입니다. 보통은 미성숙하다는 것을 부적응과 바로 연결시키지 않습니까? 우리 교육기관에서도 그렇지만 종종 미성숙이라는 개념은, 도덕적인 비난 없이, 그저 기대에서 벗어난 어떤 사람이, 보편적인 기준에서 벗어난 기이한 방식으로 행동할 때 그에 대한 낙인으로 사용되곤 합니다. "그 사람은 나쁜 사람은 아닌데 약간 미성숙한 것 같아." 우리도 이렇게 말할 때가 흔하게 있지 않습니까? 여기에는 두 가지 문제점이 중첩되어 있습니다. 우선 미성숙한 행동이 아니라 미성숙한 사람이라고 말하는 것은 적절하지 않습니다. 또 미성숙한 행동에 대해서 이야기했다 하더라도 우리가 어떤 것이 규준에 맞는 행동이고 어떤 것이 아닌지 구별하기는 쉽지 않습니다. 누가 무엇을 성숙하다고 정의할 수 있겠습니까? 다시 말해서, 어느 기준에 적응해야 옳은 것입니까? 권위에 순응해야 옳은 것입니까? 다수에 순응해야 옳은 것입니까? 아니면 기존의 것에 순응해야 옳은 것입니까?

이렇게 성숙을 적응과 동일시하는 기준은, 몇 가지 구체적인 상황들을 통해 들여다보면, 매우 복잡한 문제가 아닐 수 없습니다. 예를 들어, 얼마 전에 아르헨티나의 정치지도자들은 "침묵이 건강이다"라고 말하면서 그것을 무슨 원칙처럼 규정하였습니다. 그럼에도 인권을 옹호하기 위해서, 또 가난한 이들과 지배적인 이데올로기를 수용하지 못하는 사람들에 대한 다양한 형태의 폭력에 저항하기 위해서 자기 목소리를 드높이는 사람들은 끊임없이 나타나고 있습니다. 또, 다른 예를 들어보겠습니다. 아마도 다수의 사람들은 공공 기관에 상당액의 벌금을 내느니 차라리 교통경찰이나 형사에게 약간의 뇌물을 주는 것이 우리가 살고 있는 세계에 더 잘 적응된 모습이라고 여길 것입니다. 그렇다면 이 같은 부패의 그물을 해로운 것으로 여기고 거기에 걸리지 않으려고 하는 것이 미성숙이겠습니까?

교통법규라든지, 소형 및 대형 상점들의 법적 허가에 관한 규정들과 관련한 부패들은 관습의 망령이라고 할 수 있습니다. 이 얘기를 하면 많은 아르헨티나 사람들이 짜증을 내겠지만, 일단 적응과 성숙은, 부패하지만 널리 퍼져 있는 관행 쪽에 있는 것이 아니라, 법률이 요구하는 바를 따르는 쪽에 있다고 볼 수 있습니다. 물론 그 법을 잘 따르는 사람은 거의 없지만 말입니다. 그런데, 개인들이 정의의 이름으로 법에 맞서서 행동하지 않으면 안 될 경우에는 이 상황이 몹시 복잡해집니다. 전 세계 노동운동의 역사가 바로 그 예입니다. 자본주의는 자본의 힘으로 스스로 합법성을 생산해왔습니다. 이러한 자본주의의 강탈과 탐욕으로부터 노동자들과 그 가족들, 광산 노동자들의 법적 권리를 보호하기까지 얼마나 많은 투쟁, 고통, 심지어 죽음이 있었습니까? 우리가 인간 노동의 존엄성을 위해 투쟁한 이 선구자들의 행동이 불법이라고 해서 그들을 '미성숙'하다고 칭할 수 있겠습니까?

우리 그리스도인들은 '성숙'과 '적응'의 성급한 구분을 거부하는 데에 앞장서야만 합니다. 안타깝게도, 우리는 항상 그렇게 하지는 못하고 있습니다. 아마도 예수님은 그분께서 사시던 시대의 그 어떤 인물보다 더욱 부적응된, 그래서 더욱 미성숙한 사람으로 간주되었을 것입니다. 복음사가들도 예수님의 행동에 대한 사람들의 반응을 직접 목격하고 그것을 기록하였습니다. “보라, 저자는 먹보요 술꾼이며 세리와 죄인들의 친구다”(마태 11,19). 예수님께서 제도적 틀에서 벗어나자 사람들은 이렇게 반응했습니다. “예수님의 친척들이 소문을 듣고 그분을 붙잡으러 나섰다. 그들은 예수님께서 미쳤다고 생각하였던 것이다”(마르 3,21). 예수님은 참가족에 대해서도 남다르게 말씀하셨습니다[36](참조: 마르 3,33~35). 같은 의미에서, 예수님은 율법과 성전에 관해 바리사이들 및 대사제들과 격론을 벌이기도 하셨습니다. 사람들이 예수님께 이런 질문을 던집니다. “당신은 무슨 권한으로 이런 일을 하는 것이오? 또 누가 당신에게 이런 일을 할 수 있는 권한을 주었소?”(마르 11,28). 이 질문에 대한 답을 찾기 위해, 복음을 모두 통독해도 좋겠지만, 특히 요한복음에서 그 답을 찾을 수 있겠습니다. 당시에는 근대적인 의미의 과학적 사고방식이나 인문학적 사고방식은 존재하지 않았습니다. 그래서 권위, 제도, 다수의견을 어떤 식으로든 거부하는 사람들은 ‘미성숙’하다고 여기는 정도가 아니라, 아예 ‘마귀’ 들린 것으로 여기거

36) 역주: 그때에 예수님의 어머니와 형제들이 왔다. 그들은 밖에 서서 사람을 보내어 예수님을 불렀다. 그분 둘레에는 군중이 앉아 있었는데, 사람들이 예수님께 “보십시오, 스승님의 어머님과 형제들과 누이들이 밖에서 스승님을 찾고 계십니다.” 하고 말하였다. 그러자 예수님께서 그들에게, “누가 내 어머니고 내 형제들이냐?” 하고 반문하셨다. 그리고 당신 주위에 앉은 사람들을 둘러보시며 이르셨다. “이들이 내 어머니고 내 형제들이다. 하느님의 뜻을 실행하는 사람이 바로 내 형제요 누이요 어머니다”(마르 3,33~35).

나(참조: 요한 8,48~52)[37] '신성모독'이라고 여겼습니다(참조: 요한 10,33).[38] 예수님의 태도에 대한 반감이 극에 달하면서 사람들은 첫째, 신성모독을 이유로(참조: 마태 26,65~66),[39] 둘째, 로마 황제에 대한 대항을 이유로(참조: 요한 19,12~15)[40] 그를 사형에 처해야 한다고 고소한 것입니다.

---

37) 역주: 유다인들이 예수님께, "우리가 당신을 사마리아인이고 마귀 들린 자라고 하는 것이 당연하지 않소?" 하였다. 그러자 예수님께서 대답하셨다. "나는 마귀 들린 것이 아니라 내 아버지를 공경하는 것이다. 그런데도 너희는 나를 모욕한다. 나는 내 영광을 찾지 않는다. 그것을 찾아 주시고 또 심판해 주시는 분이 계시다. 내가 진실로 진실로 너희에게 말한다. 내 말을 지키는 이는 영원히 죽음을 보지 않을 것이다." 유다인들이 예수님께 말하였다. "이제 우리는 당신이 마귀 들렸다는 것을 알았소. 아브라함도 죽고 예언자들도 그러하였는데, 당신은 '내 말을 지키는 이는 영원히 죽음을 맛보지 않을 것이다.' 하고 말하고 있소."(요한 8,48~52).

38) 역주: 유다인들이 예수님께, "좋은 일을 하였기 때문이 아니라 하느님을 모독하였기 때문에 당신에게 돌을 던지려는 것이오. 당신은 사람이면서 하느님으로 자처하고 있소." 하고 대답하였다(요한 10,33).

39) 역주: 그때에 대사제가 자기 겉옷을 찢고 이렇게 말하였다. "이자가 하느님을 모독하였습니다. 이제 우리에게 무슨 증인이 더 필요합니까? 방금 여러분은 하느님을 모독하는 말을 들었습니다. 여러분의 의견은 어떻습니까?" 그들이 대답하였다. "그자는 죽을죄를 지었습니다."(마태 26,65~66).

40) 역주: 그때부터 빌라도는 예수님을 풀어 줄 방도를 찾았다. 그러나 유다인들은 "그 사람을 풀어 주면 총독께서는 황제의 친구가 아니오. 누구든지 자기가 임금이라고 자처하는 자는 황제에게 대항하는 것이오." 하고 외쳤다. 빌라도는 이 말을 듣고 예수님을 밖으로 데리고 나가 리토스트로토스라고 하는 곳에 있는 재판석에 앉았다. 리토스트로토스는 히브리 말로 가빠타라고 한다. 그날은 파스카 축제 준비일이었고 때는 낮 열두 시쯤이었다. 빌라도가 유다인들에게 말하였다. "보시오, 여러분의 임금이오." 그러자 그들이 외쳤다. "없애 버리시오. 없애 버리시오. 그를 십자가에 못 박으시오." 빌라도가 그들에게 "여러분의 임금을 십자가에 못 박으라는 말이오?" 하고 물으니, 수석 사제들이 "우리 임금은 황제뿐이오." 하고 대답하였다(요한 19,12~15).

성 베드로를 생각해보십시오. 그분도 여러 상황에서 기득권층이 보기에 마음에 들지 않는 사람이었기에 감방에 구속되고, 돌을 맞고, 마침내는 처형당하지 않았습니까? 수많은 순교자들과 신앙인들이 자기 시대의 표준과 가치에 맞서다가 권력자들의 노여움을 사지 않았습니까? 주의 깊게 살펴보면 성인들은 항상 동시대 사람들이 보기에 마치 신발 속에 들어간 자갈돌처럼 걸리적거리는 존재였습니다. 하지만 예수님이 지닌 권한의 원천이 이 세상의 모든 좋다는 판단을 능가하기 때문에, 성인들은 좌고우면하지 않고 그분을 따를 수밖에 없었던 것입니다.

만약 성숙이 부드럽고 완전한 적응과 동일시된다면, 우리 교육과업의 목적 역시 무정부주의자 같은 생명체인 이 아이들을, 그것이 어떤 형태든 그 사회가 좋다고 여기는 기준에 따라 적응시키는 것이라 할 수 있겠습니다. 그런데 이는 양심에 재갈을 물리고 억압함으로써 이루어지는 것이 아닙니까? 아니면 더 나아가, 사람에게 본질적이며 신성하기까지 한 자유를 박탈함으로써 이루어지는 것이 아닙니까? 자유 안에서, 자유를 위한 교육은 엄청난 도전이자 우리 모두에게 맡겨진 사명입니다. 우리 교육자와 연수담당자, 사목자와 교사들이 우리가 보는 방식, 우리가 느끼는 방식을 스스로 낮추어 여기고, 상대화함으로써, 겸손하고 진솔하게 진리를 찾아 나서는 데에 우리 자신을 내맡겨야 하기 때문입니다.

우회적인 경로를 통해서 이제 우리는 알게 되었습니다. 성숙이 지배적인 모델에 대한 적응을 넘어서서 자기가 처한 상황에서 나름의 입장을 세울 수 있는 능력이라는 사실을 말입니다. 다시 말해, 성숙은 자신의 경험과 욕망에 따라서, 또 자신의 가치관에 맞추어서 무언가를 선택하고 결정할 수 있는 자유를 갖는 것입니다.

성숙은 사랑 안에서 완성된다

그렇다면 모든 기이한 주관주의 및 개개인의 허세마저도 즉시 그대로 인정해야만 하겠습니까? 결코 그렇지 않습니다. 예수님의 동시대 사람들이 그분에게 던진 질문들은 질문 그 자체가 타당하지 않았습니다. 예수님의 말씀과 행적을 일종의 불화나 파열로 봐서는 안 됩니다. 왜냐하면 그분의 말씀과 행적은 진리를 바탕으로 한 것이었기 때문입니다. 비판, 대항, 주관성을 통해 제약을 거부하는 부정의 순간은 존재하게 마련입니다. 그런데 부정의 순간은, 보다 큰 보편성을 지향하는 초월성, 곧 더욱 충만한 진리를 향한 긍정적 순간에 있을 때에만 비로소 지속 가능합니다. 순교자들은 권력 그 자체를 거부한 것이 아니라, 소수에게만 혜택을 주는 권력을 거부했습니다. 예수님은 율법 자체에 맞서 싸운 것이 아니라,

이웃을 인정하지 않고 군림하는 율법과 맞서 싸우셨습니다. 진리의 증거자들은 다수 의견을 거부한 것이 아니라, 타인의 시야나 언어, 타인의 존재나 목소리를 박탈하는 다수 의견을 거부한 것이었습니다. 다른 말로 하면, 자유는 그것 자체로 목적이 되지 않습니다. 그리고 자유는 그 이면이 텅 비어 있는 블랙홀이 아닙니다. 자유는 인간 존재의 보다 충만한 삶, 한 사람, 한 사람과 모든 이의 충만한 삶을 지향해야 합니다. 자유는 사랑의 다스림 속에 있어야 합니다. 삶에 대한 무조건적인 긍정, 모든 이와 한 사람, 한 사람의 가치에 대한 무조건적인 긍정인 사랑이 자유를 다스려야 합니다. 이를 고려할 때, 성숙에 관한 우리의 성찰은 한 걸음 더 깊이 나아갈 수 있습니다. 성숙은 자기가 속한 수많은 상황과 역사적 배경에서, 자유롭게 결정하고, 자기 선택의 주체가 될 수 있는 능력에 그치는 것이 아닙니다. 더 나아가, 성숙은 인간들 사이에 유대를 맺어주는 사랑에 대한 완전한 긍정입니다. 당연히, 인간들 사이의 유대는 개인 상호 간의 유대, 친밀한 유대, 사회적 유대, 정치적 유대, 지성적 유대 등, 여러 가지 다양한 모습을 띱니다.

이것은 사실 우리가 이미 "책임 있는 자유"라는 개념으로 소개드린 바 있는 내용이기도 합니다. 그 책임이란 바로 우리에게 맡겨진 이들에 대한 책임, 혹은 인류 가족의 구성원으로서 타인과 우리 자신에 대한 책임입니다. 여러분 가운데 어떤 분들은 "잠깐만요! 하느님에 대한 책임은 어쩌죠? 그것이 최우선이 아닌가요?"라고 이의를 제기하실 것입니다. 맞습니다. 그런데 현세에서 우리는 하느님을 어둠 속에서 거울을 바라보듯 수수께끼 같은 존재로 바라봅니다. 그렇기 때문에 하느님을 향한 우리 책임의 진실성과 참됨의 가장 결정적인 증거는 언제나 이웃을 향한 사랑의 증거입니다(참조: 1요한 4,20).[41] 양심의 가장 내밀한 진리에서 출발한(참조: 1요한 3,21~24)[42] 이웃 사랑은 우리의 신앙을 보여줄 수 있는 가장 구체적이고 효과적인 방법입니다(참조: 야고 2,18).[43] 그렇기 때문에, 하나의 성숙한 인격체는 자기만의 고유하고 모방 불가능한 인격성을 통해 동료 인류공동체에 공헌합니다. 그런데 이

41) 역주: 누가 "나는 하느님을 사랑한다." 하면서 자기 형제를 미워하면, 그는 거짓말쟁이입니다. 눈에 보이는 자기 형제를 사랑하지 않는 사람이 보이지 않는 하느님을 사랑할 수는 없습니다(1요한 4,20).

42) 역주: 사랑하는 여러분, 마음이 우리를 단죄하지 않으면 우리는 하느님 앞에서 확신을 가지게 됩니다. 그리고 우리가 청하는 것은 다 그분에게서 받게 됩니다. 우리가 그분의 계명을 지키고 그분 마음에 드는 것을 하기 때문입니다. 그분의 계명은 이렇습니다. 그분께서 우리에게 명령하신 대로, 그분의 아드님이신 예수 그리스도의 이름을 믿고 서로 사랑하라는 것입니다. 그분의 계명을 지키는 사람은 그분 안에 머무르고, 그분께서도 그 사람 안에 머무르십니다. 그리고 그분께서 우리 안에 머무르신다는 것을 우리는 바로 그분께서 우리에게 주신 성령으로 알고 있습니다(1요한 3,21~24).

43) 역주: 이와 마찬가지로 믿음에 실천이 없으면 그러한 믿음은 죽은 것입니다. 그러나 어떤 사람은 이렇게 말할 것입니다. "그대에게는 믿음이 있고 나에게는 실천이 있소." 나에게 실천 없는 그대의 믿음을 보여 주십시오. 나는 실천으로 나의 믿음을 보여 주겠습니다(독자들의 이해를 돕기 위해 야고 2,17~18 참조).

런 차별성만으로는 충분하지 않습니다. 유사성을 인정하는 것 역시 반드시 필요합니다. 그리스도인 교사로서 우리가 받은 소명과 과업에 있어서 유사성이 지닌 의미는 무엇입니까? 이는 무분별한 개인주의가 끊어놓은 사회적, 공동체적 연대의 다리들을 건설하고 재건할 필요가 있다는 뜻입니다. 사회, 민중, 공동체는 서로 아무 상관없는 개개인의 총합이 아닙니다. 한 사람의 자유는 다른 사람의 자유가 시작되는 지점에서 종료된다는 주장은 자유를 부정적으로 정의한 것입니다. 이는 반쪽짜리 자유입니다. 반쪽짜리 자유는 개별성의 감옥에 자기를 유폐시키고, 타인들은 밖에 내버려두며, 문을 닫아두고 이웃과 나누지 못하게 만듭니다. 무엇하러 이런 반쪽짜리 자유를 갈망하겠습니까? 각자가 고독 속에서 재화를 향유하면서, 이해관계가 없다는 것이 표명될 때까지 타인들이 잠정적 적으로 간주되는 그런 사회를 어떻게 바람직한 사회라 할 수 있겠습니까?

여러분이 이것만은 제대로 이해했으면 합니다. 그리스도인들은 인간 본성에 대해 낭만적이고 순진한 개념에 쉽게 빠지는 그런 사람들이 아닙니다. 역사적 형성 과정은 차치하고라도, 원죄에 대한 믿음 교리만 보아도 모든 인간 안에는 선뿐 아니라 악으로 나아갈 무한한 능력이 내재해 있다고 설명하고 있습니다. 어느 누구도 악의 영향에서 완전히 벗어나 있지 않습니다. 모든 인간 내면에는 최악의 적이 살고 있으며,

그 적은 자기 스스로를 적대시하기도 합니다.

우리 내면에 존재하는 악에 대한 현실적, 신학적 고려는 사실 출발점에 불과합니다. 거기에서 더 나아가 인간의 역사적 과업, 인류공동체의 모험, 문명의 최종 목표가 어떤 내용으로 구성되어 있는지 생각해봐야 합니다. 이것들은 그저 한 인간이 타인에게 가할 수 있는 위험을 규제하여 충돌의 가능성을 막고 있는 정도에 불과합니까? 아니면 친교, 사랑, 상호 인정과 같은 최상의 인간 능력을 증진하여 사람들 사이의 부정적 연계가 아닌 긍정적 연계의 건설을 추구합니까?

우리는 이미 먼 길을 걸어왔지만 앞으로 나아갈 길도 많이 남아 있습니다. 인격들의 존엄성이 훼손되는 수많은 상황들, 특히 가장 불리한 처지에 놓인 사람들의 존엄성이 훼손되는 상황들을 드러내는 과업에 있어서 우리는 여전히 해야 할 일이 많습니다. 구체적으로, 지금까지는 남자와 여자의 권리와 더불어 어린이들의 권리에 대한 인식의 진전이 매우 중요한 이슈였으며, 소수자들의 권리 평등에 대한 인식의 진전 역시 매우 중요한 이슈였습니다.

하지만 여기서 한 걸음 더 나아가야 합니다. 개인의 권리가 제대로 자리매김하는 것은 개인주의를 드높인다고 해서 될 일이 아닙니다. 사람의 궁극적 권리는 목표 성취에 있어서 방해를 받지 않아야 한다는 뜻이기도 하지만 동시에 목표를 효과적으로 성취할 수 있어야 한다는 의미이기도 합니다.

불의를 피하는 데에만 급급하고, 정의를 도모하지 않는다면 그것은 충분하지 않습니다. 아동에 대한 방치, 학대, 부당한 처우를 막는 데에만 급급하고, 미래 세대에게 충만하고 온전한 사랑을 베풀어 그들을 교육하지 않는다면 그것은 충분하지 않습니다. 모든 형태의 가정이, 주어진 사명을 완수하는데 필요한 자원을 동원할 수 없다면 그것은 충분하지 않습니다. 사회가 모든 사람의 삶, 한 사람, 한 사람의 삶을 환영하고 사랑하는 온전한 태도를 옹호하지 않는다면 그것은 충분하지 않습니다. 모든 다양한 수단을 동원해 국가는 삶을 향한 환대와 사랑의 태도를 옹호하는 데에 공헌해야 합니다.

성숙한 사람, 성숙한 사회는 사랑에서 비롯된, 전적으로 책임 있는 자유를 지닌 사람 혹은 사회일 것입니다. 그런데 성숙은 길가에서 저절로 자라는 것이 아닙니다. 성숙은 많은 노력과 인내, 진정성, 겸손 그리고 아량을 쏟아부어야만 비로소 자라납니다.

성숙을 향한 여정

어떻게 하면 이러한 성찰들을, 그리스도인 교육자들로 하여금 우리에게 긴급하게 요청되는 과업들을 실현시킬 수 있도록 하는 구체적인 로드맵으로 바꿀 수 있겠습니까?

교회공동체를 강화하기

저는 무엇보다도 우리 가운데 교회적인 감각sense, sentido을 강조하는 것이 중요하다고 믿습니다. 현재로서는, 신앙공동체의 품이 아니고서는 하느님께서 우리에게 말씀하시는 바에 귀를 기울일 곳이 없습니다. 여기서 제가 말씀드리는 신앙공동체란 우리가 마음속으로 바라거나 아주 이상적인 모습의 교회공동체가 아닙니다. 제가 말씀드리는 신앙공동체는 실제적이며 구체적인, 비루한 교회공동체입니다. 부족하고 죄 많으며, 통회와 회개의 과정에 있는, 결코 완전하지 않은 교회공동체, 그렇지만 상호 의사소통, 형제자매적 조언, 연대, 신앙과 지혜의 성장을 향해 새롭고 더 나은 길을 추구하는 교회공동체입니다. 많은 그리스도인들이, 교회가 겪고 있는 고통스러운 분열과 죄악을 마주하면서, 의기를 잃고 교회 밖에서 이웃 헌신의 길을 찾고 있습니다. 하지만 그것을 통해 그들은 오직 신앙공동체에서만 발견할 수 있는 풍요로움을 상실할 수도 있습니다. 우리는 모두 생각의 방식이 다릅니다. 때로는 그 생각의 차이가 너무도 커서 양립할 수 없을 것처럼 보이기도 합니다. 우리가 모두 올바르게 행동하는 것도 아닙니다. 또 우리 모두가 체험한 말씀을 온전히 실천하는 것도 아닙니다. 하지만 그렇다고 해서 그 사실들이 우리가 꾸준히 기도하고, 대화하고, 노력하는 것을 막아서는 걸림돌이 되어서는 안 됩니다. 육화하신 말씀이 모든 이들 앞에서 빛나는 데에 있어 그 사실들이 걸림돌이 되어서는 안 됩니다. 이를 위해 가장 먼저 해야 할 일이자 약속은 교회공동체가 현실적으로 좀 더 이웃을 존중하고 선입견에서 벗어나며, 신앙과 사랑, 봉사에 있어 좀 더 성숙해지는 것입니다.

다원주의 사회에서 새로운 형태의 대화를 시도하기

두 번째로, 우리 사회를 구성하는, 서로 이질적인 집단들 사이에, 책임 있는 자유의 감각을 조성해야 합니다. 이때 이 책임 있는 자유의 감각은 반드시 사랑에서 비롯되어야 합니다. 이는 특히 사회적, 문화적으로 변화를 겪고 있는 아르헨티나 사람들에게 있어서 더욱 중대한 과업입니다. 세계의 다른 지역에서도 이미 이와 비슷한 사회적, 문화적 변화를 겪은 바 있습니다. 다원주의 사회를 사는 우리는 새로운 형태로 대화하고 공존할 필요성이 있습니다. 그리고 이를 통해 서로 간의 차이가 수용되고 존중받으며, 만남과 조화의 여지와 논지들이 힘을 받을 수 있습니다. 이미 수많은 그리스도인들이 다른 믿음이나 종교의 형제자매들, 여러 정치적, 사회적 운동에 참여하는 형제자매들과 어깨를 맞대고 인간의 진보를 위한 활동이나 어려운 이들을 위한 봉사와 같은 과업에 함께 참여하고 있습니다. 어쩌면 새로운 관계맺음의 방식이 이미 거기에 잉태되어 있는지도 모릅니다. 이 새로운 관계맺음의 방식이 아르헨티나 사람들 사이의 사회적 유대를 재건하는 데 도움을 줄 것이며, 모든 종교적, 이데올로기적, 정치적 경계를 넘는 연대의 정신을 증폭시키는 데 도움을 줄 것입니다.

우리가 지닌 동기의 신학적 차원을 되살리기

세 번째로 성숙의 가장 높은 차원인 '거룩함'sanctity에 대해 간략하게 언급하고자 합니다. 이런 모든 성찰에도 불구하고 우리 그리스도인들이 우리 존재의 궁극적 동기를 향해 끊임없이 투신하지 않는다면 우리는 길을 가다가 중간에 멈춰선 꼴이 되고 말 것입니다. 그리스도인에게 있어서, 시간을 둔 자유의 행동은 성체성사적 모델을 따릅니다. 성체성사적 모델이란 오늘날 신앙을 통해서 그리스도와 모든 이들 안에서 실현되는 구원의 선포를 말합니다. 이는 지나간 구세사의 성취이자 최종적 미래에 대한 기대입니다. 그리하여 가장 충만한 신학적 의미의 '희망'은 그리스도교적 표현Christian expression의 핵심이며, 부활하신 주님에 대한 인격적 의탁의 중심이 됩니다. 이런 입장에서, 교황님께서 「주님 저희와 함께 머무소서」*Mane Nobiscum Domine*[44]에서 언급하신 바를 상기해 보는 것이 적절하겠습니다. "성체성사는 이러한 사명에 필요한 내적 힘을 마련해줄 뿐만 아니라, 어떤 의미에서는 그 계

44) 역주: 성체성사의 해(2004.10~2005.10)를 맞아 교황 요한 바오로 2세가 주교, 성직자, 신자들에게 보낸 교서.

획이기도 합니다. 성체성사는 존재 양식으로서, 곧 예수님에게서 개별 그리스도인에게로 전달되고, 이들의 증언을 통하여 사회와 문화 전체로 퍼져나가게 됩니다. 그러려면 모든 신자 구성원이 개인 묵상과 공동체 묵상을 통하여 성체성사가 표현하는 가치들, 성체성사가 고무하는 자세들, 성체성사가 불러일으키는 결심들을 받아들여야 합니다. 여기에서 우리는 이 성체성사의 해에서 생겨날 수 있는 특별한 임무를 알 수 있지 않습니까?"(25항).

신앙을 공유한 공동체의 중심에 있는 모든 것들은 사랑에 뿌리를 둡니다. 우리의 관점에서 볼 때, 단순한 합의 추구로는 개인과 사회 사이의 모순이 완전하게 극복될 수 없기 때문에 그러한 모순은 모든 진리의 근원을 향해 나아가야 합니다. 보다 충만한 진리에 다가서기 위해 더 깊은 대화를 나누어야 하며, 그 대화 속에서 우리가 아니라 하느님께서 착수하신 진리를 더 깊이 간구해야 합니다. 하느님께서 착수하신 진리는, 나름의 때가 있으며, 나름의 가르침의 방식pedagogy이 있습니다. 대화는 진리를 향해 함께 나아가기 위한 경로입니다.

성숙을 지향하는 구체적인 교육목표 수립하기

마지막으로, 우리는 교육자의 '구체적인 과업'에 우리 자신을 자리매김해야 하겠습니다. 통합적인 인격의 양성이 우리가 하는 모든 교육활동의 중심 지점이 되도록 노력해야 합니다. 다시 말해, 자유롭고 책임 있는 인간의 충만한 성숙을 위해 기여해야 하겠습니다. 이런 면에서, 우리는 평가 가능한 구체적인 목표들을 제안할 수 있어야 합니다. 그래야만 나르시스적인 미사여구에 빠지지 않을 수 있습니다. 여러분들이 괜찮으시다면, 앞선 성찰에서 도출된 몇 가지 제안들로 결론 부분을 대신할까 합니다. 어떤 제안들은 실천에 관한 것이고, 어떤 제안들은 목표에 관한 것이며, 어떤 제안들은 그러한 범주들을 모두 포용하는 것들입니다. 여섯 개의 제안들은 다음과 같습니다.

하나. '겪은 바를 경험화하기 위해' 기억을 일깨우십시오

역사적 기억의 부재는 우리 사회의 심각한 결함입니다. 이는 흔히 포스트모던이라고 지칭되는 문화의 두드러진 특징이기도 한데, 포스트모던은 이미 젊은이들의 문화로 자리를 잡았습니다. 포스트모던에서 모든 역사적 참조 행위는 단순한 학문적 질의에 그칩니다. 이때 '역사'라는 말의 뜻은 가장 빈약해집니다. 앞선 세대의 동기, 선택, 실천과 연결 지을 수 있는 능력을 우리 어린이들 안에 반드시 일깨워야 한다고 저는 믿습니다. 이전 세대와 현재 사이에 놓여 있는, 부인할 수 없는 관계를 발견할 수 있는 능력을 아이들 안에 일깨워주어야 합니다. 과거의 사건들을 알고, 과거의 사건들에 대해 어떤 입장을 취할 수 있어야만, 의미 있는 미래의 건설이 가능해집니다. 역사적 사고는 어떤 구체적인 한 주제의 내용뿐 아니라 다양한 활동을 통해서, 그리고 여러 영역 속에서, 학문적 삶 전체를 관통해야 합니다. 이런 의미에서, 고전 문학과의 만남, 민중의 사회적 삶에 대해 역사 전체를 크게 조망하는metahistorical 만남이 매우 중대합니다.

둘. 현재를 선물처럼 느끼며 살아갈 수 있도록 도와주십시오

만약 하느님께서 구체적인 역사로 진입하셔서 우리를 만나러 오신다면, 그 선물을 기쁘게 맞이하고 우리의 응답을 드릴 수 있는 그 순간은 바로 현재일 것입니다. 이것은 오늘날 우리 문화에 터를 잡고 있는 회의주의를 초월하는 것이자 아르헨티나 사람들의 전형적인 과대망상들을 뛰어넘는 것을 의미합니다. 현재를 선물로 산다는 것은 현재를 겸손하게 받아들여 생산적인 일이 되도록 도모하는 것입니다. 제가 2년 전에 선생님들께 드린 메시지에서 역사적 창조의 연속성과 혁신, 그 둘 사이의 관계를 주제로 삼은 적이 있었습니다. 저는 선생님들께서 그 주제를 다시 한번 돌아보고, 젊은이들 안에 열정을 불러일으킬 수 있는 방법을 찾아내기를 바랍니다. 젊은이들이 그들의 손에 쥐어진 엄청난 변혁의 잠재력을 향해 열정을 도모할 수 있도록 도와야 합니다. 장광설이나 담론을 통해서가 아니라, 체험과 구체적인 상황을 바탕으로 젊은이들이 자기들 안에 있는 능력들을 발견할 수 있도록 도와주어야 합니다.

셋. '여론의 독재'에서 벗어나도록 비판적인 판단 능력을 키워주십시오

우리가 자유를 위한 교육 대신 그저 정보 전달만 하고 있지는 않은지 끊임없이 자문해야 합니다. 자유를 위한 교육은 상황과 담론을 이해하고 비판할 수 있는 능력을 요구합니다. 만약 우리가 앞으로도 계속 무분별한 정보로 우리를 현혹시키는, 지금과 비슷한 수준의 정보사회를 살게 된다면, 학교는 생각하는 법, 특히 비판적으로 생각하는 법을 가르치는 본연의 역할을 지켜야 합니다. 그러기 위해서, 우리 교사들은 현실을 읽어내는 다양한 선택지들의 기저를 이루는 이유들을 분명히 보여줄 수 있어야 하며, 판단하기 전에 모든 목소리들을 경청하는 습관을 장려할 수 있어야 합니다. 여기에 더해서, 우리는 평가의 표준을 수립하는 데에도 일조해야 합니다. 그리고 사람들이 이에 대해 늘 고려하지는 않지만, 마지막 단계로서, 모든 판단들에 대해 어떻게 하면 후속 질문의 여지를 남겨둘 수 있을지도 생각해봐야 합니다. 우리 기준을 절대적인 것으로 상정하다 보면 급속히 생기를 잃게 될 위험이 있기 때문입니다.

넷. 신체적corporal 현실을 받아들이고 통합하십시오

인간의 신체성을 받아들이고 통합하는 것은 특히 급박한 사안입니다. 역설적으로도, 오늘날의 문화는 육체를 그 담론의 중심에 두면서도, 동시에 육체를 모든 종류의 압박과 요구에 예속시킵니다. 주체성의 새로운 조건들에 더욱 주목하는 인간학의 입장에서는 신체성과 관련된 구체적인 일들을 간과할 수는 없을 것입니다. 보건, 이미지와 정체성, 섹슈얼리티, 스포츠, 참살이(웰빙), 여가, 노동 등 모든 분야에서 신체성이 문제시되기 때문입니다. 신체적 현실을 받아들이고 통합함으로써 인간학은 타인, 하느님에 대한 사랑을 향한 통합적인 해방을 지향하게 됩니다.

다섯. 사회적 가치관을 심화하십시오

젊은이들이 이웃의 고통에 공감하고 공동 행동common action에 몸과 영혼을 헌신할 엄청난 능력을 가지고 있다는 사실을 우리는 잘 알고 있습니다. 젊은이들의 사회적 감수성은 때때로 감정적 수준에 그치기 때문에, 깊이 있는 연대로 나아갈 수 있도록 교육받을 필요가 있습니다. 그렇게 함으로써 명백하게 고통스럽고 정의롭지 못한 상황들과, 그것을 야기하고 영속시키는 담론과 실천들 사이의 관계들을 사려 깊게 정리할 수 있어야 합니다. 최근 아르헨티나에서는 소비주의와 경쟁적 개인주의로 인해 연대와 공공성의 가치가 훼손되고 있습니다. 진정한 인간적 만남의 체험과 복음에서 비롯된 깨달음, 이 둘 사이를 끊임없이 오가면서 훼손된 연대와 공공성의 가치를 재건해야 합니다. 이를 위해서는 우리가 처한 구체적 맥락에서 가톨릭 사회교리social doctrine를 심화하고 개선할 필요가 있음에 의심의 여지가 없습니다.

여섯. 지속적으로 복음을 선포하십시오

만약 젊은이들이 회심의 여정을 통해 예수님의 인격과 메시지를 향해 나아가도록, 우리가 그들을 동반하지 못한다면, 앞서 언급한 모든 것들이 마치 모래알처럼 손가락 사이로 빠져나가고 말 것입니다. 복음 선포는 다른 모든 측면들을 조율하는 궁극적인 동기가 되어야 합니다. 증언이 없다면 어떤 형태의 복음 선포도 불가능하므로, 개인은 복음에 따라 일관되게 살아야 합니다. 여기에 더해서, 우리가 살고 있는 이 세기에, 종교적 경험이 취할 수 있는 여러 형태들에 대해 개방적이고 진지하게 탐색할 수 있어야 합니다. 사랑하는 형제 여러분, 회심conversion은 한 번 일어나서 영원히 지속되는 그런 것이 아닙니다. 다시 말해, 회심은 '영과 진리 안에서' 하느님을 흠숭하는 것이며, 성령이 불어오는 곳이라면 어디서든 그분을 흠숭하는 것입니다.

깨어 있는 아르헨티나

이제 우리는 이 성찰의 마지막 부분에 다다랐습니다.

우리는 지금 슬픔과 희망의 역사적 순간을 살고 있습니다. 하느님의 섭리가 우리로 하여금 새로운 세상의 건설을 위해 벽돌을 올려놓을 기회를 주고 있습니다. 이러한 기회에 직면하여 우리는 무관심으로 응답해서는 안 될 것입니다.

우리는 수많은 어린이들이 고통받고 버려지고 있음을 슬픔으로 함께 확인했습니다. 아이들의 고통과 버려짐은 지난 몇 년 동안 일어난 사건들을 통해 비극적으로 드러났습니다. 그래서 우리는, 비록 가진 것이 많지 않지만 희망을 가지고, 이 상황에 응답하고 어떤 식으로든 책임을 져야 할 필요성을 인정하게 되었습니다.

이런 맥락에서 우리는 위와 같은 헌신에 요구되는 개인적, 집단적 성숙의 조건들을 성찰해보았습니다. 성숙은 기억, 관조, 기다림으로 시간을 살아낼 수 있는 능력을 의미합니다. 성숙은 "지금 당장"이라는 조급함에서 벗어나 우리의 기억과 바람desire을 효과적이면서도 사려 깊은 최선의 실천으로 조합할 수 있습니다. 성숙은 배타적 특정성exclusive particularity에 예속되지 않는 자유로 표현됩니다. 성숙은 절반의 진실이나 비현실적인 지평에 귀를 닫습니다. 무비판적으로 세류에 적응하지 않으며, 자기를 옹호하기 위해 그저 비판만 늘어놓지도 않습니다. 성숙은 보편적이면서 효과적인 사랑을 찾아 나서는 길을 지향하며, 그 사랑은 온전하게 책임 있는 자유의 기초와 내용을 제공합니다.

최종적으로, 성숙은 교회적 신앙의 쇄신된 삶 그리고 사회를 전체적으로 마주하는 쇄신된 삶으로 나아갑니다. 신학적 체험과 성체성사적 체험이 이 쇄신된 삶의 튼튼한 기초를 이룹니다.

그리하여 저는 여러분들에게 아이들을 위해 일하는 데에 있어 앞에서도 언급했듯이, 다음의 여섯 가지 목표를 제시하고자 합니다.

하나. '겪은 바를 경험화하기 위해' 기억을 일깨우십시오.

둘. 현재를 선물처럼 느끼며 살아갈 수 있도록 도우십시오.

셋. '여론의 독재'에서 벗어나도록 비판적인 판단 능력을 키워주십시오.

넷. 신체적 현실을 받아들이고 통합하십시오.

다섯. 사회적 가치관을 심화하십시오.

여섯. 지속적으로 복음을 선포하십시오.

오늘날 현실은 우리에게 여러 도전을 제기합니다. 하지만 우리 안에 관대하면서도 용맹스러운 영이 있을 때, 현재의 순간은 우리의 성장을 위한 선물이 될 것입니다. 그리하여 우리 교육공동체의 개인적, 공동체적 성숙이, 하느님의 은총에 힘입어, 성숙 그 자체를 초월하여 거룩한 삶 속에서 하느님을 체험하는 방향으로 나아갈 것입니다. 이는 우리에 앞서 있고, 우리를 휘감고 있는 주님의 선물에 대한 응답이며, 우리가 기다리고 희망하는 충만함이 역사 안에서 실현되리라는 기대의 표징입니다. 바오로 사도의 말씀을 인용하면서 여러분들에게 작별인사를 대신하고자 합니다. "그러므로 사랑하는 형제 여러분, 굳게 서서 흔들리지 말고 언제나 주님의 일을 더욱 많이 하십시오. 여러분의 노고가 헛되지 않음을 여러분은 알고 있습니다"(1코린 15,58).

그리고 저는 여러분들에게 간곡히 부탁드립니다. 부디 저를 위해서 기도해주십시오.

2005년 부활절에

부에노스아이레스에서

혼자서 또는 여럿이서 함께하는 성찰

✔ 묵상해봅시다

"그분의 섭리가 우리로 하여금 참된 정의와 지지支持의 공동체 속에서 우리 자신을 일으켜 세울 새로운 기회를 선사하고 있습니다. 여기서 참된 정의와 지지의 공동체란 모든 이들의 존엄성이 존중되고 자유가 신장되는 공동체, 그래서 모든 이들이 하느님의 딸과 아들로서 자신들의 운명을 성취할 수 있는 그런 공동체를 말합니다."

"이 기회는 또한 하나의 도전이기도 합니다. 우리에게 주어진 이 소중한 기회를 함부로 허비해서는 안 된다는 엄청난 책임이 우리 손에 맡겨져 있습니다. 구원의 말씀은 구체적인 인간의 역사 속에서 우리와 조우합니다. 주님께서는 인간의 역사 속으로 육화하셨으며, 그 안에 교회를 세우셔서 '세상 끝 날까지' 복음을 선포하게 하셨습니다(참조: 마태 28,20). 그렇기 때문에 이 역사의 현장을 벗어나서 구원의 말씀에 귀를 기울이는 것은 불가능합니다."

혼자서 하는 묵상

- 나의 신앙생활은 공동체를 형성하도록 합니까, 아니면

개인적 체험에 머물러 있습니까?

- 나의 자유에서 부족한 부분들은 무엇입니까?
- 하느님의 섭리 앞에서 나는 소극적인 태도를 취하고 있지는 않습니까?

여럿이서 함께하는 묵상

- 우리 교회에서 어떤 성숙의 표징들을 발견할 수 있습니까?
- 우리 사회에서 급부상하고 있는 가치관들은 무엇입니까?
- 우리 세대에서 존중과 자유를 고무하기 위해 우리는 어떤 방법들을 취할 수 있겠습니까?

✔ 읽어봅시다

"이 말을 들으신 예수님께서는 거기에서 배를 타시고 따로 외딴곳으로 물러가셨다. 그러나 여러 고을에서 그 소문을 듣고 군중이 육로로 그분을 따라나섰다. 예수님께서는 배에서 내리시어 많은 군중을 보시고 가엾은 마음이 드시어, 그들 가운데에 있는 병자들을 고쳐 주셨다. 저녁때가 되자 제자들이 예수님께 다가와 말하였다. '여기는 외딴곳이고 시간도 이미 지났습니다. 그러니 군중을 돌려보내시어, 마을로 가서 스스로 먹을거리를 사게 하십시오.' 예수님께서 '그들을 보낼 필요가 없다. 너희가 그들에게 먹을 것을 주어라.' 하고 이르시니, 제자들이 '저희는 여기 빵 다섯 개와 물고기 두 마리밖에 가진 것이 없습니다.' 하고 말하였다. 예수님께서는 '그것들을 이리 가져오너라.' 하셨다"(마태 14,13~18).

✔ 생각해봅시다

"가톨릭 학교는 학생들을 온전한 그리스도인으로 양성해야할 구체적인 책무를 맡고 있다. 가정과 사회의 역할이 부족한 오늘날 이와 같은 가톨릭 학교의 책무는 특별한 중요성을 갖는다. 신앙과 삶의 통합은 인생 전체에 걸친 회심의 과정이다. 이 회심의 과정은 학생들이 하느님께서 바라시는 사람이 될 때까지 계속된다. 젊은이들이 자기들의 개인적 삶을 하느님과 나눌 수 있도록 가르쳐야 한다. 그럼으로써 젊은이들은 개인주의를 극복하고, 타인과 더불어 사는 공동체에서 자신들이 책임 있게 살아내야 할 나름의 구체적인 소명을 발견할 수 있다. 그리스도인의 삶의 고유한 유형이 젊은이들로 하여금 교우들 안에서 하느님을 섬기도록 이끌어주며, 인간이 살기에 더 좋은 세상이 되는 데 투신하도록 이끌어준다" (『가톨릭 학교』, 45항).

✔ 우리의 과업을 살펴봅시다

그리스도인 교육자로서 우리는 지식의 전달뿐 아니라 성

숙한 인간의 양성을 주창합니다. 이때 성숙이란, 우리에게 주어진 자유를 분별력 있고, 신중한 방식으로 사용할 수 있게 하는 능력으로 이해됩니다.

다른 말로 하면, 이것은 아이들과 청소년들을 잘 가르쳐서, 주어진 현재를 쓸모없이 허비하여 지나간 과거가 되도록 방치하지 않게 하는 것이며, 오히려 실천을 통해 현재를 미래로 변환시켜 나갈 수 있도록 하는 것입니다.

하나의 성숙한 인격체는 자기만의 고유하고 모방 불가능한 인격성을 통해 동료 인류공동체에 공헌합니다. 그런데 이런 차별성만으로는 충분하지 않습니다. 유사성을 인정하는 것 역시 반드시 필요합니다. 어떻게 하면 우리가 이러한 성찰들을 구체적인 로드맵으로 전환시킬 수 있겠습니까? 어떻게 하면 우리가 그리스도인 교육자들로서 우리에게 요구되는 급박한 과업들을 실천에 옮길 수 있겠습니까?

다음의 목표들을 실천에 옮길 수 있는 세 가지 실천 방안에 대해서 생각해봅시다.

- 교회공동체를 강화하기
- 다원주의 사회에서 새로운 형태의 대화를 시도하기
- 우리가 지닌 동기의 신학적 차원을 되살리기
- 성숙을 지향하는 구체적인 교육목표 수립하기

✔ 기도합시다

마리아님, 경청하시는 동정녀시여,

말씀이 당신의 태중에서 육신을 취하셨으니,

저희가 주님의 말씀을 받아들이도록 도와주소서.

저희가 주님의 말씀을 환대하고 묵상하여,

그 말씀이 저희 마음에 자라도록 해주소서.

저희들도 성모님처럼 믿는 이들의 축복 안에 살며,

당신의 아들을 찾는 모든 이들의 복음화를 향해,

지치지 않는 사랑으로 저희 자신을 투신할 수 있도록 도와주소서.

:: 교황 요한 바오로 2세

그리스도인 교육자들에게 보내는 교황 요한 바오로 2세의 담화

하느님께서는 여러분들에게 거룩함의 길을 따라 젊은이들을 이끌어줄 과업을 맡기셨습니다. 젊은이들에게 그리스도를 향한 신뢰 넘치는 관대함의 모범이 되십시오. 젊은이들이 주님의 초대에 주저 없이 응답하며, 깊은 곳에 나아가는 것을 두려워 말도록 격려해주십시오. 하느님께서는 어떤 젊은이들은 가정의 삶으로, 또 어떤 젊은이들은 봉헌된 독신의 삶이나 사제직으로 부르십니다. 젊은이들이 자기의 길을 잘 식별하여, 그리스도의 참된 친구이자 참된 제자가 될 수 있도록 도와주십시오. 믿음을 지닌 어른들이 모범된 언행으로서 그리스도의 얼굴이 드러나도록 한다면, 젊은이들이 좀 더 쉽게 십자가의 신비라는 버거운 메시지를 받아들일 수 있을 것입니다.

가장 거룩하신 동정녀, 구원자의 어머니, 하느님과 이웃을 향해 나아가는 여정의 안내자이시며, 가슴 깊은 곳에 주님의 말씀을 간직하신 어머니시여, 어머님의 전구로 가족과 그리스도인 공동체를 보호하시어, 그들의 도움으로 청소년들과 젊은이들이 주님의 부르심에 기꺼이 응답할 수 있게 도와주소서. 아멘.

첫 번째 역자 후기

사람과 삶을 살리는 참된 교육을 향해 나아가며

이 책은 프란치스코 교황님께서 추기경 신분으로서 아르헨티나 부에노스아이레스 대교구장으로 계시던 때에 발표된 교서 세 편을 묶어서 편찬한 것이다. 2003년부터 2005년까지 매년 부활 시기를 맞아 가톨릭 교육자들에게 보냈던 메시지, 그리고 그 메시지를 더 깊이 묵상할 수 있도록 성찰적 질문을 함께 덧붙여 놓은 서한집이다. 이 책은 원래 2005년 부에노스아이레스에서 스페인어로 처음 출간되었으며, 2016년 미국의 이냐시오 출판사에서 이를 영어로 옮겨 다시 출간하였다. 우리말 번역은 기본적으로 이 영문 번역본을 바탕으로 하였지만, 보다 정교한 이해가 필요한 부분들의 번역에 있어서는 공동 역자 둘이서 함께 스페인어 원본을 찾아서 영역본과 끊임없이 비교해보는 작업을 거쳤다. 매우 흥미로운 사실은, 그 과정에서 우리가 영어 번역본의 오역들을 여럿 찾아냈다는 것이다. 그리고 번역 마지막까지도 미심쩍었던 두서너 문장의 한국어 번역을 결정짓는 과정에서는, 스페인어를 모국어로 하거나 매우 능숙하게 스페인어를 구사하는, 하느님자비복음의종선교회 소속의 에스텔, 모니카 로랑스, 마리아 자매님들에게 자문을 구하기도 하였다.

사실, 나와 박준양 신부님은 이 서한집을 함께 번역하면서 매 문장마다 혹은 매 문단마다 지혜와 연민과 사랑이 넘치는 목자의 진심 어린 글에 한없는 위로와 감동을 받았다. 그래서 이 책을 읽는 분들도 우리가 느꼈던, 마음과 영혼의 깊은 울림을 경험할 수 있기를 소망하면서 최선을 다해서 번역하였다. 단순히 외국어를 우리말로 옮기는 것을 넘어서서, 교육에 대한 교황님의 깊은 신학적 성찰, 시대의 흐름을 읽는 그분의 예언자적 통찰, 그리고 무엇보다 학생들과 교사들을 향한 그 깊은 열정과 사랑을 사람들에게 전하고 싶었다.

이 책을 읽어보도록 처음 내게 권해준 사람은 말레이시아 라살La Salle 수도회의 존John D'Cruz 수사님이었다. 존 수사님은 라살 수도회가 운영하는 중고등학교의 교사로 12년을, 그리고 교장으로 5년을 더 봉직하였다. 가난한 지역 출신의 학생들이 대체적으로 결석이 잦으며 학력 수준이 낮은 것을 깨달은 존 수사님은, 오로지 시험 성적 위주의 정규학교 교육과정이 가난한 학생들에게는 잘 맞지 않는다는 사실을 발견하게 되었다. 그래서 수도회의 만류에도, 그는 교장직을 사임한 후 페낭의 빈민촌에 들어가 5년 가까이 가난한 사람들 사이에서 살았다. 학생들의 경제적 빈곤함을 자기 삶의 가난으로 직접 체험하면서, 존 수사님은 교육에 있어서 가장 중요한 것은 인격적 성장과 공동체 의식이라는 확신을 얻게 되었다. 아울러, 배움이 이루어지기 위해서는 학생에게 맞는 가르침의 방식이 필요하다는 결론을 내리고서, 빈민촌 근처에 허름한 이층집을 얻어 대안교육 시설을 열었다.

2002년 1월 나는 페낭에 3주 동안 머물 기회가 있었다. 일찍부터 동서양의 문화가 조우하던 이 섬은 영국의 식민지 수탈의 본부 역할을 한 동인도 회사가 있던 곳이면서도, 다른 한편으로는 아시아 전역에서 온 사제 지망생들을 양성하는 신학교가 있던 곳이기도 하다. 우리나라에서 순교하신 앵베르 주교님과 샤스탕 신부님도 이 페낭 신학교의 교수로 재직했었다. 그리고 1855년 이만돌, 김요한, 김빈첸시오를 시작으로 해서 조선 신학생 총 22명도, 영어와 프랑스어, 힌디어와 말레이어 그리고 중국어가 교차적으로 들렸을 이 남방의 섬에 와서 사제가 되기 위해 신학을 공부하였다. 그곳에 머무는 동안, 나는 며칠 시간을 내서 존 수사님이 처음 대안교육을 시작했던 배움의 집Learning Center을 찾아가 학생들과 교사들이 어떻게 지내는지 참관할 기회를 얻기도 했다.

존 수사님은 이미 말레이 반도 전역과 싱가포르까지 확대된 여러 대안교육 기관의 교사들을 양성하는 일을 맡고 있었다. 그가 시작한 페낭 배움의 집에는 인도인 선생님 한 분과 중국인 선생님 한 분이 함께 있었다. 오후가 되자 아이들 여럿이 왔는데, 그들이 제일 먼저 한 일은 간식을 먹으면서 선생님과 그날 학교에서 있었던 일을 이야기하는 것이었다. 존 수사님의 말씀에 따르면, 가난하고 공부를 잘 못하는 학생들은 자기 의사를 어른들에게 말로 표현할 기회가 많지 않기 때문에, 편안히 경청하는 분위기 속에서 반드시 '어른'에게 정중히 예의를 갖추어 말을 해보는 연습을 해야 할 필요가 있다고 했다. 그리고 선생님은 그 이야기에 귀를 기울이는 가운데 학생을 인격적으로 이해할 수 있게 되고, 또한 필요한 가르침의 계기를 만들 수 있게 된다는 것이었다. 그 후에 학생들은 각각 30분씩 수학, 영어 등을 공부하게 되는데, 모래시계가 있어서 딱 그 시간만큼만 스스로 공부하도록 되어 있었다. 물론 중간중간에 모르는 것이 있으면 선생님에게 묻고, 선생님은 철저하게 개별적으로 그것을 가르쳐주었다. 그것은 집중 시간이 매우 짧은, 학업성취도가 낮은 학생들이 30분 이상 연속으로 공부하지 않도록 배려한 것이기도 했다. 학생들은 중간의 놀이 시간까지 합쳐서 약 2시간 정도 되는 시간 동안 배움의 집에 머물다가, 날이 어둑어둑해지면 집으로 돌아갔다.

나도 아이들과 놀이 시간에 장기와 비슷한 전통 게임을 하였는데, 마지막 날 아이들이 "피터(나의 세례명인 베드로의 영어식 발음)는 내일도 와요? 내일도 우리랑 또 같이 놀아요!" 하고 물어와 매우 슬펐던 기억이 있다. 당시 4년차의 젊은 교사였던 나에게, 존 수사님이 시작한 이 대안교육 기관에서 지낸 며칠은 매우 의미 있었다.

"교육은 무엇인가?" "가르침과 배움은 무엇인가?"는 우리가 흔히 듣게 되는 질문이다. 우리 사회에는 아직도 "가르침과 배움은 이런 것이다"라고 정의할 만한 대강의 사회적 합의마저도 없는 것처럼 보인다. "교육은 무엇인가?"라는 질문에는 인간의 삶과 세상을 인식하는 시선과 가치가 담겨 있게 마련인데, 그 철학적 인식의 견해차가 서로 매우 상이하기 때문일 것이다. 이러한 혼란의 소용돌이 속에서 "가톨릭 교육은 무엇인가?"라는 물음은 더더욱 어려울 수밖에 없다. 우리나라처럼 가톨릭 국가가 아닌 곳에서 "가톨릭 교육은 어떤 의미를 지니는가?" 혹은 "가톨릭 교육은 어떤 삶을 지향해야 하는가?" 등의 질문들은 가톨릭 학교에 재직하는 교사들, 공립학교에 재직하는 가톨릭 신자인 교사들, 모든 사목자와 본당의 주일학교 교사들, 가톨릭 가정의 부모들 그리고 학교 안팎에서 어린이와 청소년을 만나는 모든 수도자들에게 던져지는 중대한 화두다. 다른 직업군도 마찬가지겠지만, 특히 교사와 사목자 그리고 수도자의 경우는 그 직업적 정체성과 인격적 정체성이 분리될 때 매우 혼란스러워지고 심한 고통을 겪는다. 이들은 자기의 내적 정체성에 충실해야만, 비로소 교실과 사목 현장에서 겪는 어려움들을 견뎌내고 그 안에서 희망을 발견할 수 있는 사람들이라고 할 수 있다.

우리는 프란치스코 교황님께서 교육자들에게 보낸 이 서한집이 교육에 참여하는 모든 이에게 "교육은 무엇인가?" 그리고 "가톨릭 교육이란 무엇인가?"라는 물음을 되새기는 새로운 계기가 되기를 희망한다. 어린이와 청소년과 함께하는 힘겨운 시간들을 그저 견뎌내는 데 그치지 않고, 인격적 만남과 내적 성장의 기회로 삼을 수 있는 힘과 용기를 다시 얻을 수 있기를 소망한다. 내가 존 수사님의 대안교육 기관을 방문하면서 느꼈던 의미 깊은 체험들은, 이후 오랜 기간 학교에서 학생들을 가르치는 동안 큰 자양분이 되었다. 마찬가지로, 이 책이 교사, 사목자, 부모들에게 길이요, 진리요, 생명이신 그리스도를 본받아 연민과 사랑이 넘치는 참어른으로 성장해나갈 수 있는 자양분이 되기를 희망한다.

1999년 1월 1일, 김포공항을 통해 내한하는 존 수사님을 모시러 나갔던 날, 내가 학교 교사라고 밝혔더니 그는 매우 반가워하면서 도로를 달리는 차 안에서 이런저런 이야기들을 해주었다. 그중에서 지금까지도 기억에 남는 말이 하나 있다. "만일 우리가 존이라는 학생에게 수학을 가르쳐야 한다면, 수학보다는 먼저 존에 대해서 더 많이 알아야 해요." 이처럼 "삶을 살리는 교육"이란 결국 각 사람의 영혼과 삶을 최우선으로 두는 교육을 말하는 것일 테다.

이 책을 처음 소개해준 말레이시아 라살 수도회의 존 수사님, 영역본을 구해준 최윤경 선생님과 오정윤 선생님, 그리고 우리의 한국어 번역을 정돈되고 세련된 표현으로 다듬어준 가톨릭대학교출판부의 박영인 선생님께 깊은 감사의 뜻을 전하고 싶다.

덧붙여, 늘 넓은 이해심으로 남편, 아빠의 번역 작업을 지지해준 아내 박남미와 딸 조윤선에게도 고마움을 표하고 싶다.

2019년 2월

조재선

두 번째 역자 후기

자비의 복음에 관한 증언

청소년기는 흔히 질풍노도의 시기라고 한다. 특히 현대의 청소년들은 매우 엄청난 변화의 시기를 보내고 있는데, 이러한 격변의 시기에 청소년들이 교회를 떠나는 현상이 대규모 발생하면서 이는 매우 심각한 위기 현상으로 보고되고 있다. 그리고 그 가장 주된 요인들 중 하나로 현대의 세속주의와 과학주의 흐름이 꼽히고 있다.[45)]

---

45) 이러한 분석과 성찰에 관하여 다음을 참조: 박준양, 「오늘날 건전한 신앙을 저해하는 문화적 흐름과 운동에 관한 조직신학적 성찰」, 『교회사 연구』 42(2013년 12월), 한국교회사연구소, 139~203쪽.

과학주의와 세속주의의 교차 속에서

온갖 종류의 세속주의 물결에 휩쓸리는 한편 과학기술의 급격한 발달 속에 파생되는 예기치 못한 새로운 현상들에 휘말려, 오늘날의 젊은이들은 진리가 무엇인지, 어떻게 살아야 하는지, 그리고 어디로 가야 하는지를 몰라 방황하곤 한다. 이렇게 인생의 참다운 기쁨과 행복을 발견하지 못하고 정신적인 빈곤 속에 떠돌다가 결국 신앙을 등지고 교회를 떠나게 되는 것이다. 이처럼 세속주의와 과학주의의 거센 물결이 교회를 강타하고 도전하는 현실에서, 참다운 청소년 교육이 과연 어떠해야 하는지를 고민해야 함은 오늘날 한국 교회가 당면한 가장 시급한 과제들 중 하나가 되었다. 그러므로 우리는 청소년들의 꿈과 희망이 무엇인지, 그들이 무엇을 갈망하고 염원하는지를 귀 기울여 듣는 동시에, 참다운 그리스도교 신앙적 가치와 문화 그리고 그 아름다운 자유와 구원의 전망을 제시하기 위해 노력해야 할 것이다.

현 프란치스코 교황(재위 2013~)은 2013년에 발표된 첫 교황 권고apostolic exhortation 『복음의 기쁨』*Evangelii Gaudium* 105항에서 오늘날 청소년 사목의 위기와 문제점에 대해 이렇게 말한다. "전통적으로 수행되는 청년 사목 또한 사회 변화의 영향을 받고 있습니다. 젊은이들은 일상적인 구조 안에서 자주 그들의 불안, 요구, 문제, 상처에 대한 답을 찾지 못하고 있습니다. 어른으로서 우리는 그들의 말을 참을성 있게 듣고 그들의 불안과 요구를 이해하고, 그들이 이해할 수 있는 언어로 대화하는 것이 어렵다고 생각합니다."[46)]

최근의 교황 문헌에서 드러나는 이 책의 성찰들

이러한 각성과 성찰의 맥락에서, 프란치스코 교황이 한 지역 교회를 책임지는 목자로서 직접 사목 현실을 체험하면서 그 교육 현장에 있던 분들에게 보낸 아름다운 교서 세 편을 묶어 펴낸 이 책은 오늘날 교회 전체를 위해서도 매우 소중한 자료라 할 수 있다. 부에노스아이레스 대교구장 시절에 교육자들에게 보낸 이 편지들에 담긴 성찰과 전망은 교황 선출 이후에 발표된 여러 문헌들에도 반영되어 있어 신학적으로도 매우 소중한 자료라고 할 수 있다. 본 역서는 오늘날 청소년 교육을 위해 반드시 필요한 가치관의 확립이란 무엇을 말하는지, 그리고 청소년들은 어떻게 하면 인생의 참다운 기쁨과 행복과 자유를 찾을 수 있는지, 그리고 교회의 교사들과 사목자들은 청소년들을 어떻게 인도해야 하는지를 잘 말해주고 있다.

이 책의 제1장 "행동하는 희망을 위한 창의성"에서는, 오늘날의 젊은이들에게 진정한 희망과 창조를 향한 도전을 강

---

46) 교황 프란치스코, 『복음의 기쁨 — 현대 세계의 복음 선포에 관한 교황 권고』(*Evangelii Gaudium*, 2013.11.24.), 한국천주교중앙협의회, 2014, 91쪽.

조하며 그 구체적인 길을 제시한다. 새로운 것을 향해, 즉 하느님의 참신한 계획과 안배에 믿음을 갖고 의탁하며 자신을 개방할 수 있을 때에 우리는 비로소 창조적이 될 수 있고 새로운 희망을 찾아나설 수 있다고 강조한다.

그리고 이 책의 제2장 "교육하는 나라"에서는 참된 지혜의 길을 제시하면서 두 가지 극단적 오해의 위험을 피해야 함이 강조된다. 첫 번째는 지나치게 경건한 태도로 일관하는, 그리스도에 대한 일종의 '유사 신비주의'로서, 지혜의 내적이며 주관적인 측면만 중시하여 그 객관적 측면이 경시되는 흐름이다. 이는 일종의 '영적 엘리트주의'이고 '영적 환원주의'로서 나르시스적인 향연에 빠질 위험이 있다. 이는 후에, 프란치스코 교황의 2018년 교황 권고『기뻐하고 즐거워하여라』*Gaudete et Exsultate*의 제2장 "성덕의 교묘한 두 가지 적"에서 제시된 첫 번째 것에 해당하며, "현대의 영지주의"라고 표현되어 신학적으로 다시 자세히 설명되고 있다.[47] 두 번째는, 반대로 그리스도의 지혜를 객관적인 관점에서만 해석하려 드는 '역사적 극단주의' 흐름이다. 이는 엘리트주의적인 자만에 빠져, 스스로 '영적 권위주의'에 갇혀버릴 위험이 있다. 이 또한 2018년 교황 권고『기뻐하고 즐거워하여라』의 제2장

47) 참조: 교황 프란치스코,『기뻐하고 즐거워하여라 — 현대 세계에서 성덕의 소명에 관한 교황 권고』(Gaudete et Exsultate, 2018.3.19.), 한국천주교중앙협의회, 2018, 36~46항(31~37쪽).

"성덕의 교묘한 두 가지 적"에서 제시된 것 중 두 번째 것에 해당하며, "현대의 펠라지우스주의"라고 표현되어 신학적으로 다시 자세히 설명된다.[48)]

그리하여 이 책의 제2장에서는 이러한 두 가지 극단적 위험들을 피하고, 우리의 스승이신 예수 그리스도와 함께 걸어가야 할 참다운 지혜의 길이 제시된다. 프란치스코 교황이 우리에게, 그중에서도 특히 젊은이들에게 제시하고자 하는 것은 복음의 힘을 통해 드러나는 그리스도론적인 지혜와 기쁨이라 할 수 있다. 이 책의 이러한 그리스도론적 성찰과 전망은 나중에 『기뻐하고 즐거워하여라』의 제3장 "스승님의 빛 안에서"를 통해 더욱 잘 드러난다.[49)]

그리스도론적인 기쁨

오늘날 세속주의와 과학주의 시대의 온갖 혼란한 흐름 속에서 방황하는 청소년들을 위한 교육에 있어, 가장 중요하게 알려주어야 할 것은 한마디로 '예수 그리스도의 신비'다. 오직 그분 삶의 모범과 신비를 통해서만 우리는 진리와 생명에 이르는 참다운 길을 찾아갈 수 있기 때문이다. 이러한 맥락에서, 프란치스코 교황은 『복음의 기쁨』을 통해, 우리가 어떻게 인생의 진정한 기쁨을 찾을 수 있는지를 다음과 같이

---

48) 참조: 『기뻐하고 즐거워하여라』, 47~62항(37~48쪽).
49) 참조: 『기뻐하고 즐거워하여라』, 63~109항(49~73쪽).

그리스도론적으로 설명한다. "복음의 기쁨은 예수님을 만나는 모든 이의 마음과 삶을 가득 채워줍니다. 예수님께서 주시는 구원을 받아들이는 사람들은 죄와 슬픔, 내적 공허와 외로움에서 벗어나게 됩니다. 예수 그리스도와 함께 있는 기쁨이 끊임없이 새로 생겨납니다"(1항).[50]

이렇게 예수 그리스도와 함께하며 그분과의 만남을 통해서 이루어지는 참기쁨은 불행과 고통 속에서도 그 진정한 힘을 드러낸다. 바로 이것이 오늘날 시련의 시대를 살아가는 우리에게 프란치스코 교황이 던지는 희망이다. "부활 시기 없이 사순 시기만 살아가는 것처럼 보이는 그리스도인들이 있습니다. 물론 기쁨이란 삶의 모든 순간에, 특히 가장 힘든 때에도 똑같이 경험할 수 있는 것이 아님을 저는 잘 알고 있습니다. 기쁨은 상황에 따라 변하지만, 한줄기 빛으로라도 언제나 우리 곁에 있습니다. 이는 끝없이 사랑받고 있다는 개인적인 확신에서 생겨납니다. 그러나 신앙의 기쁨이 더디지만 분명하게, 드러나지는 않지만 확고한 신념으로서, 극심한 비탄 속에서도 서서히 되살아나도록 해야 합니다"(6항).[51]

사실 그리스도인은 항상 기뻐하며 살아가는 사람이다. 이 같은 사실은 이미 신약성경에서 우리에게 잘 제시하고 있다. "언제나 기뻐하십시오. 끊임없이 기도하십시오. 모든 일에

---

50) 『복음의 기쁨』, 11쪽.
51) 『복음의 기쁨』, 15~16쪽.

감사하십시오. 이것이 그리스도 예수님 안에서 살아가는 여러분에게 바라시는 하느님의 뜻입니다"(1테살 5,16~18).

이러한 성서적 맥락에서 프란치스코 교황은 말한다. "그리스도인은 기뻐하는 사람입니다. 그리스도인은 절대로 슬퍼하는 사람이 아닙니다. 하느님이 우리와 동행하십니다. 우리는 당신의 자녀인 우리를 위해 끊임없이 전구해주시는 어머니를 모시고 있습니다. 예수님은, 하느님의 얼굴이 우리를 사랑하시는 아버지의 얼굴임을 드러내주셨습니다. 죄와 죽음은 패배했습니다. 그리스도인은 비관주의자로 살 수 없습니다! 그리스도인은 영원한 슬픔을 간직한 얼굴을 해서는 안 됩니다. 우리가 정말로 그리스도의 사랑을 받는 존재라면, 그분이 우리를 무척 사랑하고 계심을 느낀다면 우리의 마음은 기쁨으로 '불타오를' 것입니다. 그리고 그 불꽃은 가까이 있는 이들에게 옮겨붙게 될 것입니다."[52)]

프란치스코 교황은 기쁨은 참다운 행복의 표징이기에, 그리스도인들은 진정 기쁘게 살아가는 모습을 증언해야 한다고 역설한다. 이 세상의 물질적이고 세속적인 가치들은 우리에게 진정한 기쁨과 행복을 선사할 수 없다. 거기에는 분명한 한계가 있기 때문이다. 결국 이 세상의 물질주의적, 세속

---

52) 교황 프란치스코, 『교황 프란치스코, 자비의 교회 — 교황 즉위 후 첫 강론집』, 줄리아노 비지니(Giuliano Vigini) 엮음, 김정훈 옮김, 바오로딸, 2014, 165쪽.

주의적 가치관을 넘어서, 신앙 안에서 이루는 참된 기쁨과 행복을 찾아야 함을 우리는 깨달을 수 있다. 이러한 맥락에서, 프란치스코 교황은 브라질 리우데자네이루에서 거행된 제28차 세계청년대회World Youth Day 기간 중 2013년 7월 24일 아파레시다Aparecida 대성당에서 거행된 미사 강론을 통해, 젊은이들은 돈과 성공, 권력과 쾌락 같은 우상에 집착하지 말고 소외된 이웃을 위해 살아가며 예수 그리스도 안에서 참된 기쁨과 행복을 찾아야 한다고 강조하였다.[53)]

참된 자유와 행복에 관한 증언

프란치스코 교황이 이 책의 마지막 제3장 "성숙의 기회"를 통해서 강조하는 것은, 모든 그리스도인은 참된 자유와 행복을 향해 점점 성숙해지는 삶을 살아야 한다는 점이다. 사실, 예수님께서는 마태오 복음의 산상설교(5장 참조)와 루카 복음의 평지설교(6장 참조)를 통해서 우리에게 참된 자유와 행복이 무엇인지를 가르쳐주신다. 이러한 복음의 "참행복 선언"에 대한 해석을 통해 그리스도교 신학이 제시하는 행복관이 지복직관至福直觀, beatific vision이라는 핵심 개념과 연결되어 있음을 알 수 있다. 그것은 바로 우리가 하느님을 직접 마주 뵙는 순간을 가리키는, 구원론적이며 종말론적인 행복 개념

---

53) 참조: 『교황 프란치스코, 자비의 교회—교황 즉위 후 첫 강론집』, 162~163쪽.

이다. 이는 현세적이고 물신주의적인 행복관의 잘못과 한계를 여실히 드러내는, 초월적이고 궁극적인 행복 개념이다. "행복하여라, 마음이 깨끗한 사람들! 그들은 하느님을 볼 것이다"(마태 5,8).

이것은 하느님 안에서 쉬기 전까지는 참된 안식과 행복을 발견할 수 없었다는, 북아프리카 히포Hippo의 주교였던 아우구스티누스(Augustinus, 354~430) 성인의 『고백록』*Confessiones*에 나오는 내용과도 일치하는 개념이다.[54] 또 이는 아빌라Avila의 예수의 성녀 데레사(1515~1582)가 "하느님을 소유한 사람은 부족함이 없이 모든 것을 소유한 것이니, 하느님만으로 만족하도다"라고 기도했던 것과도 같은 맥락의 행복 개념이다. 어쩌면 이 두 성인은 구원론적이고 종말론적인 행복을 이미 이 세상에서 앞당겨 체험하고 제시하는 모범을 우리에게 보여주었다고도 말할 수 있다.

프란치스코 교황은 이 책 제3장을 통해, 참된 자유와 행복을 향해 현재의 시련을 견디어내는 과정이 어떤 의미에서는 새로운 성숙의 기회가 되기도 함을 역설한다. 오늘날과 같은 시련의 시대에서도, 진정 성숙한 공동체는 생명과 삶을 최우선으로 여기며 인내를 가지고 앞으로 나아간다. 인간의 긴 배움과 성숙의 여정 속에서 천천히 기다릴 줄 아는 것이 바

---

54) 참조: 성 아우구스티누스, 『고백록』(*Confessiones*), 최민순 옮김, 바오로딸, 1965, 23쪽.

로 진정한 교육임을 프란치스코 교황은 강조한다.

진리를 향한 인내 속의 성숙 여정

복음에서 예수님께서는 "나는 길이요 진리요 생명이다"(요한 14,6)라고 말씀하신다. 그리스도이신 예수님께서는, 당신이 곧 "진리"요 "생명"이니, 우리의 목표인 당신을 각자 알아서 찾아오라고 냉정하게 말씀하시는 분이 결코 아니다. 그분께서는 가야 할 길조차 모르는 우리에게 당신이 친히 '길'이 되시어 우리를 인도하신다. 그분께서는 어두운 계곡에서 헤매고 있는, 마치 잃어버린 한 마리 어린 양과도 같은 우리를 찾기 위해 친히 광야의 온갖 위험을 뚫고 다가오시는, 참으로 인내를 지니신 착한 목자이시다. 우리가 그리스도인으로서 이 시련의 시대 속에서도 반드시 간직해야 할 것은 하느님의 절대 진리를 향한 열정, 그리고 그 구원의 진리에 관통당한 자로서의 확신이다. 우리를 인도하시는 길이신 예수 그리스도를 따름으로써 우리는 진리를 체험하고 구원의 은총을 입게 될 것이다. 바로 이것이 우리의 희망이다. 우리의 모든 인간적 부족함과 상대적 한계성을 겸손히 인정하면서도, 우리가 감히 하느님의 구원 진리를 용감하게 선포하고 증언할 수 있는 이유가 바로 여기에 있다.[55]

---

55) 참조: 박준양, 『그리스도론, 하느님 아드님의 드라마!』, 생활성서사, 2009, 209~215쪽.

이처럼 그리스도론적이고 구원론적인 진리 개념을 강조하는 맥락에서, 프란치스코 교황은 2013년 첫 회칙 『신앙의 빛』을 통해, 신앙의 진리는 곧 사랑과 연결되어 있음을 다음과 같이 역설한다.

> 사랑은 또한 사랑하는 이에게 마음을 열고, 지속적인 관계를 맺기 위해서 사랑의 여정, 곧 자아라는 폐쇄된 울타리를 떠나 다른 이를 향해 나아가는 여정을 시작하는 것과도 연관됩니다. 사랑은 사랑받는 이와의 일치를 추구합니다. 이제 어떠한 방식으로 사랑이 진리를 요구하는 것인지가 드러납니다. 사랑은 진리에 그 기반을 두는 정도까지만 지속될 수 있고, 찰나적인 순간을 넘어 함께하는 사랑의 여정을 계속할 수 있을 정도로 확고하게 됩니다. 사랑이 진리와 아무 관련이 없으면 그 사랑은 덧없는 감정의 영향을 받기 쉽고 세월의 시련을 견디어내지 못합니다. 반면에 진실한 사랑은 우리 인격의 모든 요소를 통합하면서 위대하고 충만한 삶으로 가는 길을 비추는 새로운 빛이 됩니다. 사랑은 진리 없이는 확고한 유대를 이룩할 수 없으며, 우리의 자아를 고립 상태에서 벗어나도록 해주지 못하고, 우리가 덧없는 순간을 벗어나 삶을 일구어 열매를 맺을 수 있도록 하지도 못합니다.
>
> 사랑이 진리를 필요로 한다면 진리 또한 사랑을 필요로 합니다. 사랑과 진리는 서로 떼어놓을 수 없습니다. 진리는 사랑 없이는 차갑고, 비인간적이며, 일상의 삶을

답답하게 만들 수 있습니다. 우리가 찾는 진리, 우리 삶의 여정에 의미를 주는 진리는 사랑이 우리를 어루만질 때 비로소 빛을 줍니다. 사랑하는 이는 사랑이 진리의 체험이며, 사랑받는 이와의 일치를 통해 현실을 새로운 방식으로 볼 수 있는 눈이 열린다는 것을 압니다(27항).[56]

자비의 복음을 전하며

예수 그리스도의 지혜와 진리를 배우며 그분의 신비를 향해 나아가는 과정에서 우리는 한 가지 매우 중요한 교육적 전망을 만나게 된다. 그것은 "자비의 복음서"라고 일컬어지는 루카 복음 15장을 통해서다. 여기서는 아름다운 비유 세 가지가 연속적으로 제시된다. 그것은 바로 "되찾은 양의 비유"(1~7절 참조), "되찾은 은전의 비유"(8~10절 참조), 그리고 "되찾은 아들의 비유"(11~32절)다. 이 모두가 소외되고 버림받은 사람들, 특히 죄인들을 향한 하느님의 자비와 용서를 역설하는 비유들이다.

아흔아홉 마리 양을 놓아두고 잃어버린 양 한 마리를 찾아 나서며 그렇게 해서 찾은 양을 어깨에 메고 기뻐하며 돌아오는 목자의 마음, 잃어버린 은전 한 닢을 찾기 위해서 등불을 켜고 집 안을 쓸며 샅샅이 뒤지는 부인의 정성, 그리고 이전에 무례하게 자기 곁을 떠나갔었다 하더라도 이제 다시 돌아

---

56) 교황 프란치스코, 회칙, 『신앙의 빛—신앙에 관한 회칙』(*Lumen Fidei*, 2013.6.29.), 김영선 옮김, 한국천주교중앙협의회, 2013, 39~40쪽.

오는 아들을 멀리서 보고 가엾은 마음이 들어 얼른 그에게 달려가 목을 껴안고 입을 맞추는 아버지의 연민이야말로 바로 우리 인간을 향한 하느님의 한없이 아름답고 위대한 사랑을 드러내는 비유들이다.

루카 복음의 이러한 비유들을 묵상하면서, 오늘날 청소년 교육의 문제에 대하여 생각해보게 된다. 지금 우리 교육의 가장 큰 문제점은 인성人性보다는 능력을 더 우선시하며, 치열한 생존 경쟁의 현실에서 뒤처지는 학생들을 배려하지 않는다는 점이다. 어느덧 오늘의 많은 교육 현장에서는 인성적 가치와 복음적 전망보다는 경영 가치의 중요성 혹은 치열한 경쟁 속에서 생존해야만 하는 급박함이 더 우선시된다. 제도적으로 보나 심리적으로 보나, 오늘날의 교육 일선에서 잃어버린 양 한 마리를 찾기 위한 노력을 한다는 것은, 그리고 다시 돌아오는 아들을 용서하고 수용하는 관용을 지닌다는 것은 현실적으로 너무도 어려운 과제가 되어버렸다. 이런 점에서 볼 때, 예수님께서는 정말 위대한 관용과 인내를 지니신 교육자이시다. 그분께서는 오늘날의 모든 교육자들에게 참으로 아름다운 모범을 보여주신다.57)

오늘 이 세상의 얼마나 많은, 버림받고 실망하고 상처 입은 청소년들이 추상적인 말이 아닌 구체적인 위로와 사랑을 원하고 있는가? 예수님께서는 복음을 통해 그들에게 참으로

---

57) 참조: 박준양, 『그리스도론, 하느님 아드님의 드라마!』, 88~90쪽.

아름답고 온유한 마음을 보여주신다. 그것은 바로 모든 이의 상처와 아픔에 진실로 공감하며 함께 아파할 줄 아는 연민과 사랑이 가득한 마음이다. 그러한 마음은 특히, 고통 받는 사람들과 죄인들을 향해 더욱 빛을 발한다.[58] 예수님께서는 당신의 마음을 이렇게 묘사하신다. "고생하며 무거운 짐을 진 너희는 모두 나에게 오너라. 내가 너희에게 안식을 주겠다. 나는 마음이 온유하고 겸손하니 내 멍에를 메고 나에게 배워라. 그러면 너희가 안식을 얻을 것이다. 정녕 내 멍에는 편하고 내 짐은 가볍다"(마태 11,28~30).

사실 오늘날 교회를 떠나거나 신앙을 등진 청소년들에게 필요한 것은 그 어떤 하나의 프로그램이 아니라, 그들에 대한 진정성 있는 관심과 배려다. 어쩌면 그들은 어렵고 힘든 일을 겪으며 방황할 때 신앙생활에서 해답을 찾지 못하고 교회 안에서 의지할 만한 위로를 발견하지 못했을지도 모른다. 그리하여 과학만능주의와 물질주의, 상대주의와 세속주의, 그리고 물신주의와 극단적 이기주의 등에 사로잡혀 방황하다가 마침내 교회를 떠나게 되는 것이다. 그러한 젊은이들의 모습에서 우리는 그들이 느끼는 정신적 황폐함과 내적 좌절, 그리고 절망을 읽어낼 수 있어야 한다.[59]

---

58) 참조: 박준양, 『그리스도론, 하느님 아드님의 드라마!』, 118~119쪽.
59) 참조: 박준양, 「오늘날 건전한 신앙을 저해하는 문화적 흐름과 운동에 관한 조직신학적 성찰」, 187쪽.

또한 우리는 젊은이들의 영적 열망을 읽을 수 있어야 한다. 현대 과학기술 문명의 급격한 발달 속에 인간은 정신적으로 소외되고 그에 따른 영적 빈곤 또한 점차 심각해지고 있다. 현대 세계의 세속주의와 과학주의의 흐름에서 영적 빈곤함과 소외로 방황하고 목말라하는 젊은이들에게 교회는 모든 거짓과 기만을 넘어, 참된 진리와 행복이 무엇인지를 증거하고 가르쳐야 할 책임이 있다. 혹시 그들의 열망에 방향적 오류가 있다면 이를 교정하고 정화하면서, 예수 그리스도를 통한 참다운 구원 체험으로 그들을 인도해야 할 예언자적 사명과 임무 또한 띠고 있다. 신앙의 수호자인 교회는 이러한 울부짖음과 열망이 오직 "길이요 진리이며 생명이신 예수 그리스도"(요한 14,6 참조)에 대한 진정한 체험을 통해서만 응답되고 채워질 수 있는 것임을 증언한다. 그러므로 이 시대를 살며 영적으로 방황하는 젊은이들에게 어떻게 효과적으로 다가가 예수 그리스도의 구원 사건과 신비를 호소력 있게 선포하고 증언할 것인가를 깊이 고민하고 모색해야 할 것이다.[60)]

인간의 진정한 성숙함에 이르는 과정이 곧 진리를 찾고자 하는 여정이라면, 이를 위해서는 하나의 자각이 필요하다.

---

60) 참조: 박준양, 「신흥 종교 운동의 도전에 대한 가톨릭 교회의 응답 — 사목적, 신학적 성찰」, 『사목연구』 24(2009/겨울), 가톨릭대학교 사목연구소, 187쪽; 「오늘날 건전한 신앙을 저해하는 문화적 흐름과 운동에 관한 조직신학적 성찰」, 188~189쪽.

이 자각이 인간 성숙의 기초가 된다. 그것은 예수 그리스도께서 우리와 함께 걸으시고 함께 이야기하시며 함께 일하신다는 자각, 즉 그분의 사랑과 현존에 대한 감각이다. 이처럼 예수 그리스도께서 우리와 함께하신다는 현존 감각과 그분의 사랑에 대한 영적 감각이 없다면, 진리를 찾는 우리의 노력은 곧 시들해지고, 성숙을 향한 여정에서 우리는 힘과 열정을 잃고 말 것이다. 프란치스코 교황이 『복음의 기쁨』에서 역설하듯이, 예수님의 현존을 깨달아 그분과 일치하여 그분의 궁극적 지향을 향한 확신과 인내, 열정과 사랑을 갖지 못한다면, 우리는 참된 진리를 향한 길을 잃어버리고 방황하게 될 것이며, 단 한 명의 청소년도 제대로 설득하거나 인도할 수 없게 될 것이다(266~267항 참조).[61]

> "예수님과 하나 된 우리는 예수님께서 추구하시는 것을 추구하고 예수님께서 사랑하시는 것을 사랑합니다. 결국 우리가 추구하는 것은 바로 하느님 아버지의 영광입니다. [⋯] 우리의 궁극적이고 가장 깊고 가장 크고 결정적인 동인은, 우리가 하는 모든 행동의 궁극적인 이유와 의미는 바로, 예수님께서 당신 지상 생애의 모든 순간에 추구하신 아버지의 영광입니다"(267항).[62]

---

61) 참조: 『복음의 기쁨』, 203~204쪽.
62) 『복음의 기쁨』, 204쪽.

이 책에서 소개하는 그리스도론적 교육 사상은 이제 최근 발표된 교황 문헌들을 통해서 더욱 구체화되고 있다. 부디 이 책이 오늘날의 혼란과 상실, 시련과 어둠의 시대를 비추는 한줄기 빛으로 널리 퍼져나가길 기도한다.

2019년 2월

박준양

삶을 살리는 교육

시련의 시대를 위한 제언

제1판 제1쇄 펴낸날 • 2019년 3월 15일
제1판 제2쇄 펴낸날 • 2025년 3월 6일

지은이 • 교황 프란치스코
옮긴이 • 박준양 · 조재선
펴낸이 • 최준규
펴낸곳 • 가톨릭대학교출판부

주소 • 03083 서울시 종로구 창경궁로 296-12
전화 • 02-740-9718
전송 • 02-745-9793
전자우편 • cukpress@catholic.ac.kr
홈페이지 • http://press.catholic.ac.kr
인쇄제작 • 재영아트
등록번호 • 제300-1989-1호(1989년 1월 13일)

ISBN 978-89-7108-310-9 03230

이 도서의 국립중앙도서관 출판예정도서목록(CIP)은 서지정보유통지원시스템 홈페이지(http://seoji.nl.go.kr)와 국가자료공동목록시스템(http://www.nl.go.kr/kolisnet)에서 이용하실 수 있습니다(CIP제어번호: CIP2019006737).

값 12,000원